日本と世界のLGBTの現状と課題

SOGIと人権を考える

LGBT法連合会／編
性的指向および性自認等により困難を抱えている
当事者等に対する法整備のための全国連合会

かもがわ出版

はじめに

2018年末に日本公開された映画「ボヘミアン・ラプソディ」。日本だけでなく世界各国で大ヒットを記録しており、私も見た。ロックに興味のなかった自分としては、興味外の位置づけであった、1985年のライブエイドでのバンド「クィーン」のパフォーマンス。主人公フレディ・マーキュリーがAIDSの影に怯えながら素晴らしい歌を披露するこのシーンをクライマックスとして、フレディがAIDSで1991年に死去することをエンディングロールが示し、映画は終わる。

当時、写真雑誌のスキャンダル扱いの記事で、フレディがAIDSでなくなった報道を複雑な気持ちで見ていた当時の自分のありようは、いまでも鮮明に記憶に残っている。ゲイ当事者として生きることに決心はついていたものの、記事のなかのフレディのAIDSを、そしてゲイであることを揶揄するようなトーンは、そのころの社会が自分を見る目を、象徴していたのだ。

1970年代にアメリカ精神医学会から同性愛を異常性愛や病気とみなすのをやめ始めたものの、私が育った80年代でも、「同性愛＝変態性欲」という記述は、辞書を初め至るところにまだ存在した。その後、自分のアンテナに引っかかる文化・芸術作品や社会風俗の報道からは、LGBTを真剣に描いた記述が積み上げられ、もうさすがに人々の偏見は和らいでいるだろうと思ったが、近年「LGBT」関連活動を始めて以来、政治家の「LGBTは生産性が無い」「LGBTばかりになったら、国が潰れる」という発言に接するにつれ、社会の隅々に一度行きわたったスティグマは、除去するのがいかに難しいかを思い知らされる。

しかしだ、この本を見て欲しい。われわれはやっとここまできたのだ。専門家を初め世界の人々が、「性的指向・性自認＝SOGI（「ソジ」または「ソギ」）」をどう考えるかを、ここまで言説化したのだ。かつて社会は、「すべての人間が男・女に単純に分類でき、異性愛なのが当然」だと思い込んでいたに過ぎない。現実はもっと複雑多様であり、SOGIの多様性を、そ

3

の少数者を尊重することがいかに重要かを、体系的に示せるようになったのだ。政策や法制度が多くの国で実践され、それは社会を壊すのではなく、より豊かにしていることを、確認できるようになったのだ。

この本に示された各国の成果や、打ち立てられた考え方を、わが国において実現するには、まだ相当の道のりがありそうに見える。しかし、光は見え、それを無視したまま 21 世紀を走り続けることは、世界中どの社会にとっても、できないであろうことが、この本に示されている。日本の立法・行政に携わる者は、この本に書かれたことを真剣に受け止めねばならない。もうすぐやってくる東京オリンピック・パラリンピックも、彼ら彼女らの怠慢は許さないのである。

なお、本書では LGBT、LGBTI、性的マイノリティなどの語とはべつに SOGI を用いている。英語で Sexual Orientation/Gender Identity のことで、日本語では「性的指向 / 性自認」と訳されている。ここ数年一般に広まった LGBT などの用語は、レズビアン、ゲイなど「人」のカテゴリーを表す語であるのに対し、SO と GI は、すべての人の持つ属性である。どういう性別を性愛対象とするかしないかを「性的指向」、自分をどういう性別と認識するかしないかを「性自認」という。

法制度や政策を考える上では、「性的指向と性自認のあり様をめぐって、何人も不利益を受けてはならない」というように、他の課題（人種、出自、宗教、信条、国籍、性別、等々）と同様の課題として捉えないと、例えば、実際には典型的な SO/GI を有する人を、非典型と（いわゆる LGBT だと）憶測で差別する（憶測差別）事象等に、対応できない。

このことから、現在国際社会の、特に法制度・政策等を語るには、SOGI の概念を使うことが一般的となっており、本書では、この言葉・概念の一層の普及を目指すことを狙いとして、「いわゆる LGBT」の現状をSOGI で検討していく。

2019 年 4 月

LGBT 法連合会 共同代表　池田 宏

本書は、2018年4月30日に開催されたシンポジウム「SOGI
は今？──歴史と国際から見る今後」（主催：LGBT法連合会、
共催：明治大学情報コミュニケーション学部ジェンダーセンター、
於：明治大学）における報告・討論をもとに修正・加筆した
ものです（当日の報告で一部掲載していないものがあります）。

日本と世界の LGBT の現状と課題
SOGI と人権を考える

CONTENTS

はじめに ● 池田 宏 …… 3

第1部　世界の SOGI はいま …… 9

国際人権の視点からみる日本の現状 ● 谷口 洋幸 …… 11

LGBT/SOGI に関する国際判例の変遷 ● 谷口 洋幸 …… 19

LGBTI の包括的権利保障をめざして
　　　　—— 日本学術会議提言を中心に ● 三成 美保 …… 25

法律ができたことでどう変わったか …… 35

　　ブラジル ● トゥリオ・アンドラーデ …… 35

　　オランダ ● トン・ファン・ゼイランド …… 38

　　ニュージーランド ● テサ・バースティーグ …… 43

　　フランス ● サラ・ヴァンディ …… 47

「トランプ現象」とは何か ● 兼子 歩 …… 51

英 2010 年平等法におけるハラスメント禁止 ● 内藤 忍 …… 61

第2部　日本のSOGIはいま …… 65

支援の現場から　電話相談の取り組み ● 原 ミナ汰 …… 67

裁判の現場から　裁判からみる法整備のニーズ ● 永野 靖 …… 82

教育の現場から　大学の場合 …… 105

　　津田塾大学 ● 学長 髙橋 裕子 …… 105

　　明治大学 ● 学長 土屋 惠一郎 …… 107

　　国際基督教大学 ● 学長 日比谷 潤子 …… 110

　　国立大学 ● 林 夏生 …… 113

　　大学とアウティング問題 ● 松岡 宗嗣 …… 117

雇用・労働の現場から …… 123

LGBT、SOGIに関する日本の施策 ● 内藤 忍 …… 123

差別禁止に向けた連合の取り組み ● 井上 久美枝 …… 127

働くトランスジェンダー当事者 ● 池田 …… 132

今日の性的指向・性自認に関する法制度の状況 ● 神谷 悠一 …… 136

LGBT法連合会のこれまでの活動 ● 下平 武 …… 143

第3部　提言 …… 149

日本学術会議提言（要旨）…… 151

SOGI（性的指向・性自認）の多様性に関する学長共同宣言 …… 156

おわりに ● 藤井 ひろみ …… 157

第1部　世界の SOGI はいま

国際人権の視点からみる日本の現状

谷口 洋幸 | 金沢大学准教授

国際人権としての LGBT/SOGI 問題

　人権保障は憲法を中心とする国内での取り組みだけでなく、国際的な関心事項として、国連や条約機関の取り組みが進められています。国際的な人権保障の文脈では LGBT や SOGI に関連する問題は 1980 年代から多く取り上げられるようになってきましたが、歴史をひもといてみると、それよりも遡る 1950 年代からいろいろな議論がなされています。

　国際人権のなかでとくに重要な変化が起きたのは、2011 年に国連人権理事会で採択された「人権と性的指向・性自認」という決議からです。国連人権理事会は 2006 年にできた国連総会の下部組織で国連の人権施策を中心的に担い、世界各国の代表者が集まり、国際社会のなかで人権にどういう課題があるのかを議論しています。この決議の採択後は、国連が中心となって「UN Free and Equal」という啓発キャンペーンが行われ、専用の公式サイトも開設されました。

　その後 2 つの重要な出来事がありました。ひとつは、『Born Free and Equal』という冊子を国連人権高等弁務官事務所（OHCHR）が刊行したことです（日本語訳『みんなのための LGBTI 人権宣言——国際人権法における性的指向と性別自認』山下梓訳、合同出版、2016 年）。これは国家が LGBT/SOGI の人権問題について何をしていかなければならないのか、大きな 5 つの義務について書かれたものです。差別や暴力からの保護、拷問や虐待の防止、ソドミー法（同性どうしの性関係を処罰する法規定）の撤廃、SOGI にもとづく差別の禁止、安全の確保の 5 つです。各国が何をなすべきか明確になったわけです。

　もう一つの重要な出来事は特別手続きのなかで独立専門家（Independent

Expert）が指名されたことです。国際社会のなかでLGBT/SOGIに関連してどういう問題が起きていて、どういう対策が必要なのか、世界規模で調査して報告する役割が与えられています。チュラロンコン大学のヴィティット・ムンターボーン教授（タイ）が初代独立専門家に任命され、その後ビクトール・マドリガール＝ボルロースさん（コスタリカ）が引き継いで、現在、調査活動などを行っています。

　ここで確認しておきたいのは、国際人権というものは、なにも先進的な人権保障をしなさいといっているのではないという点です。むしろその逆で、国際的に認められてきた人権の最低基準を示しています。世界各地でさまざまな人権問題が起こっているけれども、国際的にみてこれは最低限、世界共通で守っていきましょうと規定されていくのが国際人権です。その最初の基準である世界人権宣言（1948年）の第一条には「すべての人は、生れながらにして自由であり、かつ、尊厳と権利とについて平等である」と書いてあります。英語では「All human beings are born free and equal in dignity and rights」です。さきほど示したように、国連のLGBT/SOGIに関する啓発キャンペーンのタイトルは「Free and Equal」です。まさしく1948年に世界人権宣言に規定された内容が実現しきれていないという認識のもと、このキャンペーンが始められていることに注目すべきかと思います。2018年は世界人権宣言70周年です。70年前から本来であれば扱われなければならなかったLGBT/SOGIの人権問題が、ようやく最近になって注目を集め始めた。これは何も新しい人権を認めましょうという話ではない。そんな思いを、この啓発キャンペーンのタイトルから読み解くことができます。

　国際人権の文脈でどういう人権保障が必要といわれているかといえば、ソドミー法の撤廃、性別の変更を認めること、同性どうしのカップルに法的な保障を与えること、SOGI差別の禁止を法施策として進めるなど、さまざまなものがあります。日本にソドミー法はありませんが、性別の変更については、生殖腺の摘出という条件や子どもがいると変更できないことなどが、国際人権の視点から問題視されています。同性どうしのカップルにきちんとした形で法的な地位が何も与えられていないことにも改善が求

められています。

なぜ国際人権では SOGI が使われるのか

　LGBT と SOGI という言葉にはどのような違いがあるのでしょうか。簡単にいうと、LGBT は「誰」の問題であるか、SOGI は属性や特徴、つまり「何」が問題となっているのかを示すために使われる概念です。国連では LGBT よりも SOGI という言葉が好んで使われますが、それには理由が 2 つあります。ひとつは、LGBT という言葉が英語圏でしか使われていないためです。それぞれの国や言語圏には、LGBT をあらわすいろいろな概念が使われています。もうひとつは、SOGI はすべての人がもつものだからです。女性に対する差別ではなく性別にもとづく差別といえば、男性という性別が気づかない間に社会で優遇されてきたことを指摘しやすくなります。黒人差別ではなく人種にもとづく差別、外国人差別ではなく国籍にもとづく差別なども同じです。SOGI はすべての人の属性だからこそ、LGBT の人々が経験している困難を通して、同じ人間が SOGI によって分断されていることに意識が向けやすくなります。

　2015 年に 12 の国連機関が LGBT/SOGI の問題について取り組む決意を表明する宣言を採択しました。このなかで「国連機関は LGBTI に対する暴力や差別について国家が早急に取り組むことを要請する」と書かれています。タイトルの LGBTI には脚注が付されていて、そこに重要なポイントがいくつか書かれています。国際社会は多様なので LGBTI（I はインターセックス）という英語起源の言葉ではない形でのアイデンティファイの仕方、人や状態の言い表し方があります。そのため、LGBTI とは書いてあるけれども、それは「他の表現で自身をアイデンティファイしている人々」も含みます。また、「実際の、または認識された」「性的指向・性自認・性別表現・性的特徴（SOGIESC）」を理由とする暴力や差別に直面するすべての人が含まれます。重要なのは他人によってそう「認識された」場合も含まれる点です。例えば、優しい感じの男の子がいたとします。彼がヘテロセクシュアルであったとしても、ゲイっぽい、女の子みたいだということでいじめや暴力を受ける場合、これも SOGIESC が理由といえます。問

題視すべきは、社会に埋め込まれた SOGIESC への偏見や固定観念であっ
て、これには被害者のアイデンティティは問いません。主体、つまり「誰」
の問題なのかではなく、「何」を基準に暴力や差別を受けているのかに注
目していく必要があるわけです。それは結果的に、LGBT の個々人だけで
なく、すべての人が安心、安全に暮らせる社会へとつながっていきます。
　LGBT という言葉は SOGI に置き換わったわけでも、その言い換えでも
ありません。この 2 つは違う文脈で使われるものです。実際、国連のなか
では SOGI という言葉も使われますし、LGBT や LGBTI という言葉も使
われています。

SOGI と人権

　SOGI はすべての人がもつもの、という認識は人権の文脈でとても重要
です。なぜなら、人権はすべての人が享受するものという前提にたつから
です。言い方を変えれば、LGBT に関連する人権について議論することは、
新しい権利や特権を与えるべきか、という話ではありません。すべての人
の人権保障をどのように実現していくか、考えることなのです。
　SOGI に関連して、LGBT ではない人々は、多くの場合、性のあり方を
ほとんど意識しないままに生活することができます。これは人権の文脈で
いえば、結婚という制度や慣習のもと、または身分証などに性別を書き込
む制度のもとで、その人たちの SOGI が人権として保障されていることを
意味しています。SOGI はすべての人が等しくもつ属性や特徴ですので、
部の SOGI だけが社会制度の前提とされていることは、むしろ特権とも
いえます。なぜ一部（＝多数派）の SOGI だけが人権を保障され、一部（＝
少数派）の SOGI だけが制度から排除され、偏見や差別、暴力などをうけ
やすい状況におかれなければならないのでしょうか。SOGI という言葉は、
このような考えのもと、人権、とくに国際的な人権保障の領域では用いら
れています。
　こうした国際人権の流れをわかりやすくまとめた文書があります。2006
年に採択された「SOGI に関する国際人権法の適用に関する原則」（ジョグ
ジャカルタ原則）と、それに新しく原則を追加した 2017 年採択の「ジョグ

ジャカルタ原則＋10」です。この原則が、国際人権法の「適用」(application)
と題していることに注目してください。新しい権利をつくるのではなく、
いますでにある国際人権法がそのまま実際に使える、ということを示して
います。ここにも、LGBTの権利は、新しい権利や特権の話ではなく、人
権の話なのだ、という国際的に共通した認識があらわされています。

国際社会は日本をどうみているか

　では、日本の現状を国際社会はどのように見ているのでしょうか。日本
は主要な人権条約を批准しているので、条約に書かれている国際的な人権
基準を守る義務があります。その義務をしっかり守っているかどうか、国
際社会はいろいろな形で監視をしています。大きくわけると、条約機関に
よる審査と国連機関による審査があります。

　条約機関による審査は、それぞれの人権条約のもとにおかれた専門家委
員会に締約国が定期的に報告書を提出して、専門家委員会と今後の進め方
を話し合う制度です。2008年と2014年に自由権規約委員会から、SOGI
差別に関連する法整備が実現していないことについて、早急な対応が求め
られています。社会権規約委員会からも2013年、SOGIだけを理由に社
会権が制限されている現状に懸念が示されました。女性差別撤廃委員会か
らは2016年に、LBTの女性（女性差別撤廃条約は男性が対象にならないため）
がかかえる困難を意識した政策の実現が求められています。

　国連機関による審査として、国連人権理事会の普遍的定期審査（UPR）
があります。国連加盟国193カ国すべての国を対象として、それぞれの国
の人権状況を4年半に一度ずつ審査する制度です。2006年から開始されて、
現在3巡目ですが、日本は2017年に3巡目の審査を終えました。このな
かで、SOGIに関する人権状況の改善勧告は、1回目は1件、2回目は5件、
3回目に13件とどんどん増えてきています。SOGI差別を禁止する法律を
制定すること、性同一性障害者特例法の改正、DV（ドメスティック・バイ
オレンス）防止法の適用拡大、地方自治体や民間企業における取り組みの
促進などです。これらの勧告を見ていると、国際社会の目からは、日本の
人権状況が国際基準を満たしていないと考えられていることがわかりま

す。

日本は何をすべきか

　日本は何をすべきなのでしょうか。国際社会からもとめられているのは、SOGIにかかわりなく、すべての人の人権保障を実現することです。

　確認すべきは、人権を守るのは誰か、という基本的な点です。人権はひとりひとりの意識の問題である、という認識が日本ではよく聞かれます。国際人権の領域ではどうでしょうか。OHCHRが配信している人権啓発動画では、最初に、「人権は国家に対して要求する権利です」という説明が入ります。すべての人が人権の享有主体であって、ひとりひとりの人権を大切にしなければいけない、という意識はもちろん重要です。ただ、それだけいっていても、人権保障は実現しません。誰が人権保障を実現しなければならないかといえば、それは一番に国家に課せられた義務です。だからこそ、憲法（＝国家権力を縛る法規範）では人権の尊重が書かれていて、人権条約には、国家のなすべきことが書かれているわけです。

　すべての人の人権保障を実現するために、日本がすべきことは何か。条約機関や国連機関からも指摘されているように、もっとも重要なのはSOGI差別をなくしていくための法的な基盤を整備することだと考えます。ただ、本来ならば、SOGIだけでなく、あらゆる差別をなくしていくための法整備が必要です。日本には差別を包括的に禁止する法律が存在しません。人権をきちんとシステムとして保障する制度も存在していないのです。日本にあるのは、憲法に「人権にはこういうものがあります」という曖昧なリストと、いくつかの個別対応の法律（男女雇用機会均等法、部落差別解消法、障害者差別解消法）しかありません。このため、人権侵害をうけても実際には効果的な救済がえられていませんし、複雑な差別問題に対応できるような体制も整っていません。法整備にはいろいろな要因が絡みますので、それほど単純ではありませんが、実効性のある法整備が望まれます。

第1部　世界のSOGIはいま

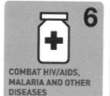

2020年より、2030年を目指して

SOGIについては、2020年の東京オリンピック・パラリンピックの開催にあわせて、取り組みへの機運が高まっています。ただ、2020年は日本だけのことなので、国際人権の文脈ではあまり意味をもちません。むしろ、国際人権がいま関心をもって共有しているのはSDGs（Sustainable Development Goals＝持続可能な開発目標）の設定するゴールの2030年です（前頁下図）。いま国際社会は2030年に向けて一丸となって動いています。2000年に策定されたMDGs（Millennium Development Goals、前頁上図）がある程度成功したので、目標を増やして、すべての国や企業・個人に向けてより具体的な取り組みを示したのがSDGsになります。

SDGsのもと、2015年から2030年の15年間に何をどこまで実現するか、というスパンで国際社会は動いています。そのSDGsが策定されたとき、国連の当時の事務総長だった潘基文さんは「LGBTに関連する問題もSDGsの一つである」といいました。SDGsは「No one left behind（誰一人取り残さない）」という信念のもとで取り組まれています。このなかに当然のことながらLGBTの人も入っているのだということを指摘したのです。SDGsの5番目には「ジェンダー平等」が入っていて、10番目には「人の不平等をなくしていく」という目標が入っています。この2つはLGBT/SOGIに直接かかわる部分です。もちろん、それ以外の目標も、すべての人にかかわることなので、当然にLGBTの人々も含まれます。2020年はあっという間ですので、もう少し長く、2030年を目指した施策や活動にも注目していきたいところです。

さきほど紹介した「ジョグジャカルタ原則」の第1原則では、世界人権宣言の「すべて人間は生まれながらにして自由かつ平等である」という文章に、「すべての性的指向や性自認をもつ人間はすべての人権の完全なる享有主体である」が付け加えられています。LGBT/SOGIに関連する人権保障を考えることは、新しい権利や特権を認めることではなく、すべての人権保障を実現する重要な一歩となります。いろいろと参考になる事例の多い国際人権の視点を、ぜひ日本の法整備や政策、企業や市民の活動などに大いに活かしていただきたいと思います。

LGBT/SOGI に関する国際判例の変遷

谷口 洋幸 | 金沢大学准教授

はじめに

国際人権の視点から、国際人権機関といわれるところ、例えばヨーロッパ人権裁判所や、裁判所ではないのですが自由権規約委員会などにおいて、具体的にどういう問題が人権侵害だといわれてきたか、いくつかの例をご紹介していきます。

日本国憲法と国際人権法

国際判例というと、「海外とか国際社会は進んでいてすごいなぁ」ということで終わってしまうかも知れないので、そうではないということを最初に確認しておきます。

日本国憲法と国際人権法の規定を比べてみると、憲法は非常に短いものです。しかも憲法の半分は統治機構のことが書いてあるので、人権については3分の1しか書いてありません。小型六法のページ数だと3ページくらいに収まる分量です。人権のリストが列挙されてはいますが、人権はどう守られるのか、どういう場合に制限されるか、といったことはほとんど書かれていません。これに対して国際人権法は、それぞれの条約だけで冊子ができるくらい非常に細かく書いてあります。法律家は基本的には法律の文言を解釈するのが仕事なので、文章が細かければ細かいほど内容について具体的な議論ができます。たとえば表現の自由について、憲法は1行だけですが、自由権規約は12行くらいあります。とても具体的でわかりやすい内容です。わかりやすい内容のなかで、具体的にLGBTの問題について何がいわれているのかと見ていくと、国内で議論をするときに個別の人権をどのように解釈すればいいのか、重要なヒントになります。

単にヒントになるだけではありません。日本は主要な人権条約をすべて批准していますので、国はそれらを「誠実に遵守する」ことが憲法で義務づけられています。単に「守る」ではなく、「誠実に」という言葉が書いてあるので、国際人権法のいっていることと整合性をとりながら、国内の人権施策を進めることが義務づけられています。

LGBT に関連する国際裁判

では、具体的に国際裁判のなかで、LGBT に関連する問題でどういう裁判があるのかを権利ごとに見ていきたいと思います。

(1) 私生活の尊重をうける権利

最初に LGBT に関連して議論が出てくるのが、「私生活の尊重をうける権利」というちょっと聞き慣れない権利です。「自己決定権」あるいは「幸福追求権」というと馴染みがあるかと思います。日本国憲法でいうと 13 条です。自分がやりたいように、自分が生きたいように生きること自体に国家が介入してくれるな、自己決定を尊重してくれ、自分の幸福は自分が決めるということです。それを保障しているのが「私生活の尊重をうける権利」です。従って「私生活の尊重をうける権利」には、不当な恣意的な関与が許されない、国家が不当に人のあり方を決めてはいけないということが書かれています。

具体的な判例として、国際人権法のなかで一番重要なのはソドミー法です。ただ、ソドミー法は現在日本には存在していないので、日本にとって重要なのは性別の変更に関連する国際判例です。性別の変更を認めないことは、人権侵害であるという判例が 2002 年からずっと続いています。性別の変更を認める法整備は、人格的自律に不可欠であって、個人のアイデンティティを尊重する点で、人権保障として実現しなければいけない、という内容です。そのため、性別変更の条件に生殖腺の摘出などの手術を課すことは人権侵害にあたるといわれています。その後、性別の変更だけではなく、関連するさまざまなプロセス、例えば手術をやりやすくするために保険の適用対象とすることや、手術を違法なものとせず国がきちんとし

た指針をつくること、それをつくっていなければ人権侵害であるというような判決も出ています。

性的指向や性自認について、不必要な干渉はしてはならないけれども、その人が自分らしく生きていくための自己決定や幸福追求を尊重されるためには、具体的な法的保障も必要です。国際判例ではそこの部分の義務付けがきちんと認められています。性的指向や性自認という個人の内面にかかわることも、きちんと国が法整備をしていかなければいけないということが、「私生活の尊重をうける権利」から導き出されます。

（2）家族生活の尊重をうける権利

二番目の権利の問題として出てくるのは、「家族生活の尊重をうける権利」です。とりわけ同性カップルの法的な保障がどこまで国家に義務づけられているのかが争われます。まず解釈として、家族（family）という言葉のなかには同性カップルも含まれるのだということが国際人権法のなかでは確立した解釈となっています。同性カップルも異性カップルと等しく家族であって、家族だからこそ、家族生活が尊重されなければなりません。尊重される、というのは、国がきちんと法律を整備して、家族として保障することを意味します。それは異性の事実婚と同等であるだけではなく、同性のカップルにきちんとした法的保障を付与することまで必要だといわれています。

とくに、2015 年のヨーロッパ人権裁判所の「オリアリ対イタリア事件」のなかで、同性カップル向けの法制度を国が持っていないのは国際人権法に違反するという判断が下されています。イタリアの状況はいまの日本の状況に似ています。イタリアでは地方自治体がパートナーシップ認証を行っていましたが、国での議論は進んでいない状態でした。その状態について人権侵害が認定されたことは注目すべき点です。2016 年の「タドゥッチとマコール対イタリア事件」では、在留許可の審判において、同性のカップルを家族の概念に入れないという解釈は不当な人権侵害であるという判断が下されています。

したがって、国家は同性カップルを「家族」として承認し、何等かの法

的保障を与える義務を負う、というのが現在の国際人権法の義務に関する解釈となります。

（3）婚姻する権利

家族としての承認には、婚姻を認めることも含まれるのでしょうか。結論を先にいえば、婚姻を平等化していくことまでは、国際人権法上は、現時点では国家に義務づけていません。婚姻を異性カップルだけでなく同性カップルにも認めるかどうかは、国家の裁量の範囲内とされています。

ただ、国際人権は人権の最低基準であることに注意が必要です。国家の裁量の範囲内だ、といわれていることは、国際社会が一丸となって取り組まなければいけない人権侵害の状況とまではいえない、という程度の意味となります。最低基準ではなく、より手厚い人権保障として婚姻の平等化を認めていくことを国際社会は禁止していません。

（4）差別の禁止

もう一つ重要になってくるのは、差別、平等に関連する部分です。差別の禁止のなかで、国際人権法のどの規定をみても性的指向や性自認という言葉はありません。しかし、法律家がやるべきことは、明確に書かれていなくても、原理原則からみて具体的に必要だと考えるのであれば、それを解釈のなかに含めていく作業です。国際人権法の差別禁止の項目は、サンプルとして列挙されているだけなので、そこに含まれていなくても、平等を求めていくことはできるという理解が前提にあります。日本の憲法14条も同じです。

例えば監護権が否定された事例です。バイセクシュアル男性の当事者が、離婚後に子どもの監護権を求めたのだけれども、男性と新しいパートナー関係を結んだということだけを理由に監護権が否定されたというものです。このように性的指向だけを理由に監護権を否定するのは、性的指向にもとづく差別だという判断が下されています。ヨーロッパ人権裁判所の2000年「ダ・シウヴァ対ポルトガル事件」です。異性カップルに保障されているような権利が同性カップルに保障されていないことも、性的指向

にもとづく差別にあたります。例えば、自由権規約委員会の「ヤング対オーストラリア事件」では、同性カップルが遺族年金の受給対象外とされているのは性的指向にもとづく差別だという判断が下されています。性自認については、性別を移行したこと、あるいは性別適合手術を受けたことを理由として解雇をされた事例があります。この解雇は無効であるという判断が1996年にヨーロッパ司法裁判所で下されています。いわゆるパートナーシップ法を策定するときに、ギリシャが異性カップルに限定したパートナーシップ法をつくったのですが、これも性的指向にもとづく差別であるという判断が下されています。その他、住居の継続居住や、保険の受給資格がないということも、性的指向にもとづく差別と認定した判例もあります。

（5）その他の権利

いわゆる SOGI 差別は国際人権法上で禁止されています。これ以外にもいろいろな権利に関する国際判例がありますが、これから日本でも重要になってくると考えられる事案をひとつご紹介します。

プライドパレードを許可しないことについては、表現の自由や集会結社の自由の侵害が認定されています。ロシアや東ヨーロッパ地域の事例がほとんどです。ただ、表現や集会結社だけでなく、拷問・非人道的な処遇をうけない権利に関連して、プライドパレードを妨害する人々から警察がきちんと保護しなかった事件があります。これはジョージア（旧グルジア）の事件です。ジョージアではホモフォビアやトランスフォビアが非常に強く、プライドパレードを阻止するという脅迫が公然と行われていました。にもかかわらず、警察が警備員を配置せずきちんとした対応をしなかったために、実際に妨害事件が起きてしまったため、国家による人権侵害が認められたものです。パレードを妨害したのは民間人ですが、それ自体は表現の自由でも何でもなく、妨害を防止すること自体が国家に義務づけられているとの判断が下されています。

国際判例を使いこなそう

　このようにみていくと、国際人権法のもとでは、LGBT あるいは SOGI に関連する国際判例はたくさんあります。ご紹介したのはごく一部です。最初に述べたように、国際人権法で議論されていることは、日本にまったく関係のない話ではありません。日本も国際社会の一員として、多くの人権条約の締約国となっています。国際的な人権保障の義務を引き受けている以上、これらの判例を無視することはできません。市民社会の側からも、これらの国際判例で示された具体的な解釈を駆使しながら、人権の実現をはかっていくことが望まれています。

LGBTI の包括的権利保障をめざして
—— 日本学術会議提言を中心に

三成 美保 | 日本学術会議副会長
奈良女子大学副学長

　日本学術会議は内閣府に属する国家機関ですが、政府から独立して政府に対して政策提言を行う組織です。会員210名と連携会員約2000名で構成され、人文・自然科学系研究者が分野を超えて学術政策に関する審議を行います。学術会議は、さまざまな活動を行っていますが、提言を出すことは政策に対するもっとも重要なアピールとなります。

　2017年9月に、提言「性的マイノリティの権利保障をめざして——婚姻・教育・労働を中心に」を発出しました。2014年に日本学術会議としてはじめて本格的にLGBTIの権利保障について審議する委員会（法学委員会 社会と教育におけるLGBTIの権利保障分科会）を立ち上げたのですが、本提言はその成果です。日本学術会議のホームページに全文を掲載していますので、ご参照ください[1]（要旨を本書第3部に掲載）。

　提言では、4つの課題を提起しました。第一は、差別解消のための根拠法の制定と包括的な法政策の策定です。第二は、関連法の改正です。民法改正による婚姻の性中立化、性同一性障害者特例法の名称変更と要件緩和、個人情報保護法や均等法の改正です。第三は、教育における権利保障の達成です。「性の多様性」教育の必要性も指摘しています。第四は、雇用・労働に関して、当事者が尊厳をもって安全に働く権利を保障すべきことです。現在もこの分科会は継続しており、引き続き議論をしています。

「性」をどうとらえるか

　「性」には、三つの基本要素があります。一つは本人の「身体」（性の特徴）、もう一つは「身体と心の関係」（性自認）、そして三つめが「他者との関係」（性的指向）です。この三つの要素が組み合わさって、個人の「性」が決定さ

れます。

　重要なのは、これらいずれの局面でも「性」は典型的に二分されるわけでないということです。すなわち、身体は「女」か「男」に二分されるわけではなく、性自認は「トランスジェンダー」か「シスジェンダー」で固定されるわけでもありません。「無性愛」「両性愛」「汎性愛」を含め、「性的指向」の多様性はすでによく知られています。最新の脳科学では、すべての人間の脳は男性に多い特徴と女性に多い特徴が組み合わさった「モザイク脳」であり、組み合わせの違いは個体差であるという研究成果が報告されています。[2] 性を類型化するときに「性はグラデーション」とよくいわれますが、個人の視点から見ると「性はモザイク」なのです。しかも、そのモザイクの組み合わせは、個人のなかで変化したり、揺れ動いたりします。

　「性」を「グラデーション」であり、「モザイク」であると捉えるならば、SOGI に基づく差別的処遇は誰にとっても他人事ではありません。これゆえ包括的な SOGI 差別禁止法が必要なのです。そのとき同時に、LGBTI 当事者の具体的な権利保障もあわせて行う必要があります。享受すべき選択肢を同等に保障することが「ジェンダー公正」の目標ですが、選択肢の不備・不足はマイノリティ側からの告発がなければ見過ごされやすいからです。

二極化する世界

　世界の動きのなかで、日本を位置づけるとどうなるでしょうか。LGBT 権利保障に関して言うと、今日の世界は二極化し、それに対して日本は 2 つの顔を持つと位置づけることができます。

　世界の二極化とは、国連及び欧米諸国が権利保障・差別解消に向かっているのに対して、イスラーム諸国を中心に差別を維持、むしろ拡大する傾向があるという現象を指します。世界はけっして一枚岩ではありません。そのなかで、日本は国際的顔と国内的顔という 2 つの顔を使い分けています。すなわち、日本は国連に向けては積極的に協力していますが、国内向け、つまり法律をつくるという重要な課題に向けては消極的なのです。

国際社会の二極化傾向は、例えば性的指向、つまり同性カップルの権利をどう保障するかということを地図にしたときにもっとも明瞭になります（次頁**地図**参照）。同性カップルの権利を認めず、刑罰を科す国と、同性カップルの婚姻を認める国に分かれるのです。現在（2018年12月現在）、同性婚を認めている国は25カ国、認めることが決まっている国は2カ国（台湾を含む）です。同性愛行為を法律違反に問う国は80カ国ほど、イランやサウジアラビアなど10カ国以上で死刑が法定されています。2013年にはロシア、2015年には中国が同性愛の表現規制を行うようになりました。世界の二極化傾向が縮まる気配は乏しいのが実情です。

日本の現状 —— 遅れる法整備

　日本の現状については、大きく2つの方向が認められます。2020年オリンピック開催を視野に入れた同性パートナーシップ保護の方向と、家族主義の強化による同性婚否定の方向です。この2つの方向は、じつは矛盾していません。諸外国の例を見ると、同性パートナーシップ制度が先行し、その後に同性婚容認が続きます。「同性婚」を認めず「同性パートナーシップ」の承認にとどめることは、本質的問題の回避にほかなりません。

　歴史的に見ると、日本社会はセクシュアリティに関して比較的寛容な文化でした。LGBTIを法的に差別した歴史も持っていません。確かに江戸時代にはいろいろな禁令が出ていますが、男色や陰間茶屋は武家社会にも庶民文化にも広く行き渡っていました。男色はむしろ主従関係を補強するとして、男性同性愛を賛美する風潮さえありました。

　しかし、大正期にヨーロッパから精神医学上の「変態性欲」という概念が入ってきて、差別が歴史的につくられていきます。それでも日本における差別は、欧米に比べると緩やかでした。たとえばドイツでは、成人間の合意に基づくものであっても男性間性交は1871年帝国刑法典で「風俗犯罪」とされ、1969年刑法改正でようやく削除されました。これに対して、日本の軍隊は男色を禁圧せず、社会では養子縁組を利用してカミングアウトすることなく同性カップルが家族（親子）として同居することができました。

LGBTIの包括的権利保障をめざして

性的指向に関する世界地図

性的指向に関する法律は、国によって違う状況です。同性間の関係を犯罪とみなす法律がある国もあり、死刑や禁固刑などが適用される場合もあります。一方で、法による保護も広がっています。憲法によって法の下の平等が保証されている国、雇用の場などでの差別禁止法がある国、LGBTへの差別的言動がヘイトクライムと見なされる国もあります。2001年にオランダで同性間の婚姻が可能になり、2013年にはイギリス、フランス、2015年にアメリカ、2017年はドイツ、オーストラリアで同性間の婚姻が可能になりました。現在、G7で国レベルの同性パートナーへの法的保障がないのは日本のみとなっています。日本は、同性間の関係は犯罪ではありませんが、包括的な差別禁止法はなく、同性間では婚姻もできない国であり、国連人権理事会などから人権侵害であると指摘を受けている状況です。

第1部　世界のSOGIはいま

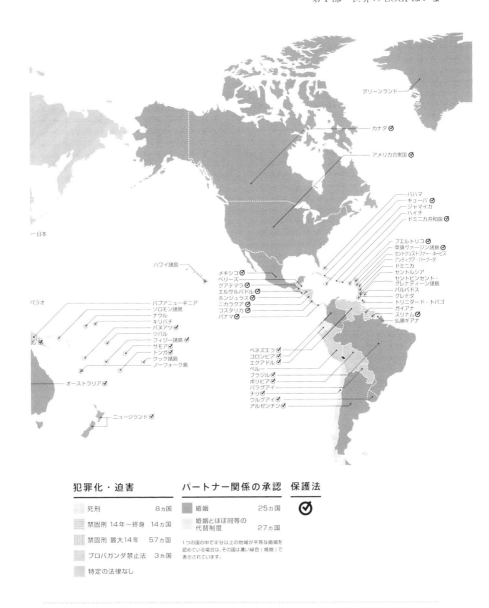

本地図は「性的指向に関連する世界の法律」ILGA2017を参考に、2018年8月までに同性婚が成立した国を加味して、特定非営利活動法人虹色ダイバーシティが制作したものを、かもがわ出版編集部が本書掲載用に加工したものです。
International Lesbian, Gay, Bisexual, Trans and Intersex Association: Carroll, A. and Mendos, L.R., State-Sponsored Homophobia 2017: A World Survey of Sexual Orientation Laws: Criminalisation, Protection and Recognition(Geneva; ILGA, May 2017).
　2018年8月時点　[制作] 特定非営利活動法人　虹色ダイバーシティ　[協力] 虹色PRパートナー

29

「厳しい欧米／緩やかな日本」という対比が崩れ始めたのが 1970 年代です。1970 年頃から欧米ではゲイ解放運動が広まり、1980 年代には同性婚を求める動きが活発になりました。一方、日本では「ブルーボーイ事件」（1969 年）が起こります。当時「ブルーボーイ」とよばれた男娼 3 人が性別適合手術を受けて生殖機能を取り去ったのですが、これが優生保護法違反になるとして執刀医が裁判にかけられ、有罪とされたのです。この結果、日本では性別適合手術を行うことができなくなりました。1990 年代にトランスジェンダーの権利保障の動きが先行したのは、このような経緯を背景にしています。2003 年、超党派で特例法ができました。これが現在でも日本で唯一の LGBTI 法です。しかし、1970 年代以降、全体として「性の多様性」をめぐる議論は進まず、マスコミでは差別的な言辞が飛び交うようになって、現在に至っています。

日本政府の「消極さ」に対しては、国連諸機関から再三、勧告を受けています。たとえば、2014 年に国連自由権規約委員会から、「包括的な反差別法」を採択すべきであり、「実効的かつ適切な救済を与えるべき」と指摘されました。入居要件やハラスメント防止などに関する問題をめぐっては、地方自治体で同性パートナーシップ条例・要綱ができるなかで一定の対応がとられています。しかし、条例・要綱は法律ではないため、法的効力はありません。

オリンピック憲章は、2014 年から「オリンピック憲章の定める権利および自由は人種、肌の色、性別、性的指向、言語、宗教、政治的またはその他の意見、国あるいは社会のルーツ、財産、出自やその他の身分などの理由による、いかなる種類の差別も受けることなく、確実に享受されなければならない」と謳っています。2020 年東京オリンピック開催に向けて、日本ではまず自治体から動きが始まりました。しかし、国の動きが緩慢です。いくつかの政党が法案を出していますが、国会での審議が進んでいません。むしろ、LGBT に対するヘイトスピーチにあたるような発言が国会議員から相次ぐ事態となっています。

特例法について日本とドイツを比較すると、日本の現行要件は、1980 年ドイツ法とほぼ同じであることがわかります（次頁**表**）。これらの要件は、

第 1 部　世界の SOGI はいま

表　トランスセクシュアル法

	日　本	ドイツ
名　称 （略称）	性同一性障害者の性別の取り扱いの特例に関する法律（性同一性障害者特例法）	名前変更および性別確定の特例に関する法律（トランスセクシュアル法）
成　立	2003 年	1980 年
年齢要件	20 歳以上であること （2022 年 4 月 1 日～18 歳以上）	25 歳以上であることが当初要件であったが、1993 年違憲判決→削除
非婚要件	現に婚姻をしていないこと	2008 年違憲判決→削除
子なし要件	現に未成年の子がいないこと （2008 年改正以前は「現に子がいないこと」）	2006 年違憲判決→削除
生殖不能要件	生殖腺がないこと又は生殖腺の機能を永続的に欠く状態にあること	2011 年違憲判決→削除〔基本法 2 条 2 項「身体を害されない権利」を侵害〕
身体変更要件	その身体について他の性別に係る身体の性器に係る部分に近似する外観を備えていること	2011 年違憲判決→削除〔基本法 2 条 2 項「身体を害されない権利」を侵害〕

ドイツでは憲法（基本法）違反として 1993 ～ 2011 年に次々と削除されていきました。WHO は、法的性別変更にあたって「生殖不能」や「身体変更」を強制することを禁じています。現在、「生殖不能」が法的性別変更の要件とされているのは日本だけです。また、「性同一性障害」という用語は、2015 年以降、アメリカ精神医学界では放棄され、いまでは「性別違和」と呼びます。法律の名称変更・要件緩和は急務です。

「家族主義」の維持・強化

　以上のように、日本では SOGI 差別禁止に関する法整備が非常に遅れています。その一方で、「家族主義」の維持ないしは強化という傾向が強まっています。

　「家族主義」とは、一般的には「家族がそのメンバーの福祉に主要な責任を負うべき」とするシステムを指します。つまり、家族を福祉の補完・

代替単位として位置づけるものです。しかし、日本の「家族主義」には「戸籍（家族）の重視」という特徴が付随します。戸籍には戸籍筆頭者とその配偶者、二人のあいだの嫡出子が記載されます。戦後家族法では、「戸籍家族（異性の法律婚カップルとその間の嫡出子）」から逸脱する個人や生活共同体には法的不利益が与えられてきました。「家族の多様化」を「戸籍家族の解体（危機）」とみなす傾向も強まり、超少子化が進む原因を同性カップルの増加のせいにする稚拙な言説も生み出されていったのです。

1990年代からはじまるグローバル化と長期不況のせいで、国内では「雇用崩壊」が生じ、「男性稼ぎ手」家族モデルがもはや成り立たなくなっています。現実の家族はきわめて多様化しています。現在、戦後日本の法律や政策がモデルにしてきた「夫婦と子」世帯は全体の4分の1近くまで落ち込み、単独世帯やシングル親世帯が増えています。

こうした傾向に対する危機意識の一つの表れと思われますが、近年、さかんに「家族」の価値が唱えられるようになっています。1996年の民法改正要綱で盛り込まれた選択的夫婦別姓すら未だに認められず、婚外子相続差別も2013年の最高裁違憲決定をまってようやく改正されました。日本では、「家族の多様性」を阻止する圧力が働いているといわざるを得ません。同性間の婚姻によって誰も不利益を被ることがないにもかかわらず、情緒的な反対メッセージが発せられるのはその端的表れでしょう。

2012年の自民党改憲草案では、24条の改憲案が示されています。そこでは、家族の相互扶助が前面に出ており、あくまで異性カップルが前提とされています。一方、2018年10月の電通調査によると、LGRT当事者の比率は8.9%、同性間の婚姻に「賛成」「どちらかというと賛成」は78.4%にも達しました。LGBTについて、政府の公式統計はありません。民間調査からうかがえる世論の動向に、政府や国会はどう反応するのか。2020年に向けた取り組みが注目されます。

日本学術会議の提言

最後に、日本学術会議の提言についてまとめておきたいと思います。

第一は、権利保障は包括的になされるべきだということです。すなわち、

「ありのままに生きる権利」「教育」「雇用労働」「共同生活」、これらすべての権利を包括的な形で保障するのが目指すべき方向だというのが、提言で示した立場です。具体的には、以下のような課題を提起しました。「①性的指向・性自認（性同一性）・身体的性に関わる特徴等に基づく差別を禁止し、性的マイノリティの権利保障をはかるための根拠法を制定すること。②同法には、性自認の尊重、身体に関する自己決定権の尊重、婚姻を含む共同生活の保障、教育上の権利保障、雇用・労働に関する均等待遇に関する規定を盛り込むこと。③同法に基づいて国・自治体は基本計画を策定し、継続的な公的調査・白書作成を踏まえて包括的な権利保障政策を立案・実施・評価すること」です。

　第二に、法改正については、民法改正、特例法改正、個人情報保護法改正、均等法指針の改正を提言しました。このうち、民法改正については、民法に「婚姻は二人の同性の者、異性の者が結婚することができる」という一文を設ければ、現行の憲法の枠内で同性間の結婚を認めることができると考えています。個人の尊重の観点から、家族は本来的に多様であり、その多様な家族を多様なままに保障することが国家の責務です。大事なのは選択肢を保障することであり、そのベースにあるのは個人の尊厳を保障するという観点です。したがって、家族をつくる自由も家族をつくらない自由も保障すべきです。たとえば、長く婚姻を異性間に限定してきたドイツでも、2017年に同性間の婚姻がようやく認められました。フランスでは、2013年の民法典改正で「婚姻は、異性者又は同性者の二人の間で締結するものとする」という一文が入りました。日本民法にもこうした一文を設けるならば、同性間の婚姻が可能となるでしょう。特例法については、先述の通り、厳しい要件をすべて撤廃すべきです。

　第三に、教育については、「学ぶ権利の保障」、「性の多様性」教育の充実、ハラスメント研修の強化、手続・設備の改善を提言しました。「学ぶ権利の保障」という点では、女子校や女子大学へのトランスジェンダー MtF の積極的受け入れを提言し、「性の多様性教育」については、学習指導要領の見直しと性教育の低年齢化を提言しています。

　第四に、雇用・労働については、ハラスメント防止のガイドライン策定

（厚労省）、福利厚生やハラスメント防止への配慮（各事業体）、先進的取り組み事例の紹介（国や自治体）を提言しています。

　性・身体に関する権利は、「人格権」です。すでに憲法13条によって「プライバシー権」、「人格権」が保障されているのですが、これをより具体的に保障する根拠法を速やかにつくるべきです。そして、根拠法に基づいて計画を立て、政策を遂行し、政策の実現程度を評価するシステムをつくっていくこと、これが肝要であると考えます。

注
⑴ 法学委員会社会と教育におけるLGBTIの権利保障分科会「性的マイノリティの権利保障をめざして―婚姻・教育・労働を中心に―」（2017年9月29日 http://www.scj.go.jp/ja/info/kohyo/pdf/kohyo-23-t251-4.pdf
⑵ デンワース、L.「男女の脳はどれほど違う？」『性とジェンダー――個と社会をめぐるサイエンス』日経サイエンス社、2018年、14〜19頁。
⑶ 電通ダイバーシティ・ラボによるインターネット調査（電通HP掲載：2019年1月10日）http://www.dentsu.co.jp/news/release/2019/0110-009728.html

法律ができたことでどう変わったか

ブラジル　オランダ　ニュージーランド　フランス

この項目はシンポジウム「SOGIは今？——歴史と国際から見る今後」での発言をほぼそのまま掲載しています。

 ブラジル トゥリオ・アンドラーデ｜在日ブラジル大使館

　ブラジル大使館を代表し、ブラジルのLGBT関連法制の状況をお話しできること、とりわけレインボーウィークにおいて説明できるのを光栄に思います。ロンドンから到着してひと月に、LGBTの権利を守ろうとする、そして差別や暴力に反対する多くの試みを、東京にて目にすることができうれしく思います。個人的に、芸術と文化は意識を高め、同性愛について理解しない人々との橋渡しをするための鍵となる役割があると感じています。日本で登場した、写真を用いてLGBTの人々のカムアウトを表現し、よって社会にLGBTの理解を広めるプロジェクトがあるのですが、ほかの国でも導入するべきだと思います。というのも、これからお話しするブラジルの現状として、過去15年でLGBTの権利に関し大きな前進があったものの、この前進は市民の運動や組織的な活動、外交・司法・政治的リーダーシップなしでは達成されなかったからです。

　しかし、ブラジルはかなり例外的といえます。なぜなら、この分科会で議論される内容は「法律の制定がどのように各国で効果を上げているか」というものなのに、この国にはLGBTに関する法律がないからです。なぜブラジルにLGBTに関する法律がないかというと、ブラジルの国会では議会の分断が深刻で、法律の制定が大変難しくなっているからです。し

かし、市民の組織的な活動と、政治と司法のリーダーたちによって人権や憲法上の権利、民主主義において大きな進歩がもたらされました。理念として、差別や暴力が存在する限り事実上の民主主義は実現できないと考えています。独裁国家でないからといって民主主義であるというわけではなく、すべての人々の人権が尊重される社会でないといけません。憲法上の権利に関する判決において、最高裁判所は政治が解決できない問題を解決するためのさらなるリーダーシップを発揮するため、憲法措置をとりました。

ブラジルでの重要な進展として、2011年に最高裁判所によって同性間の安定した結合という表現で、同性間の結びつきが認知され、2013年にはそれに続き司法省が同性間の結婚を認めました。その後、LGBTの養子や年金などに関する権利が司法機関によって認められました。人権の容認に関していうと、司法が常にイニシアティブをとってきました。地方裁判所の裁判官による判断が、最高裁、司法省と上がっていき、最終的には全国に広がるという形でリーダーシップがとられました。

司法による裁定での変化が社会全体に影響を及ぼしました。それまで長い間LGBTの権利はタブーとなっており、多くの家族が拒絶し、政府もあまり積極的に取り組んでこなかった問題でした。ですから、憲法の番人である最高裁がLGBTの権利を擁護し、同性間の心理的な結合を容認したことは大きな社会的変化を及ぼしました。

しかし司法による容認だけでは十分ではなく、人権がしっかりと尊重されるためには、権利を推進していくための取り組みをしなくてはいけません。それを実現させるために、政府機関がLGBTの権利を推進させるための政策を導入してきました。特にブラジルでいまだ残る最も大きな課題はLGBTに対する暴力をなくすこととなっています。実際にLGBTに対する暴力はいまだにたくさん起きていますので、それとたたかって防止したり救済したりする政策を掲げております。

2009年にブラジルでも導入された国家人権計画でLGBTの権利の保護という項目が追加されました。その後、2010年に「LGBTに対する差別とのたたかいおよび権利推進国家審議会」が設立されました。これらは政

府の取り組みにおいてとても重要な発展といえます。なぜなら、この審議会メンバーの 15 人は市民から選出され、残りの 15 人は政府の関係者で、この人々が LGBT の権利促進と差別・暴力をなくす任務を任されているからです。2014 年には、審議会が LGBT に対する暴力が警察の報告書にどれだけ反映されているかという基準を用いて、差別と暴力がどのように関わっているかという調査も行いました。

施行された政策は多く、すべてを説明できませんが、重要な点は、政策が教育、性別適合手術を含めた医療（ブラジル・シングルヘルス・システム）、公的性別変更などの非常に幅広い分野にわたっていることです。次に、リーダーシップで重要な役割を果たした司法、政府に続く 3 つ目の機関である外交についてお話しします。

外交の点でいうと、LGBT については、国々の間には極端に二極化した立場があります。LGBT の理念を擁護する国が多くある一方で、家族、文化、社会的な価値観から差別や暴力を正当化しようとする国もあります。

ブラジルでの政策についていいますと、「LGBT に対する差別とのたたかいおよび権利推進国家審議会」がいくつかの施策を講じております。この審議会は大変重要で、一般市民と政府関係者の両方がバランスよく参加しております。2014 年には、教育現場でトイレなどの施設の使用についての決議が通りました。それに続き、国全体の政策として、性別移行の権利を保障する医療制度を含めた、LGBT の性に関する医療を保障する制度を講じています。

社会に起こる変化について考える際に過小評価できないものが、国際的な人権への取り組みです。 LGBT に伴う人権または差別と暴力からの保護についての国連の専門家に知恵を借りることもできます。そういう世界全体での変化について議論する際に、国内での政策だけではなく、普遍的な仕組みについて考える必要があり、それがまた国内での状況に影響を与えるということになります。

免責事項：駐日ブラジル大使館トゥリオ・アンドラーデ書記官による英語講演の和訳・テキスト化・編集作業は、LGBT 法連合会の責任でおこないました。和訳版には講演者の発言を忠実に表していない箇所が含まれている場合があります。

	オランダ	トン・ファン・ゼイランド
		在日オランダ王国大使館

　オランダでの取り組みに対するみなさまのご意見やご質問に大変感心を持っております。多くの諸国が日本と交流をもっていますが、オランダは同性婚を合法化した最初の国となっています。フランスと同様、すべての人への結婚を合法化する形で容認されました。これはわれわれの憲法にもとづいた決定でしたが、フランス革命に影響を受けてつくられた憲法では「オランダ領にいるすべての人は平等に扱われるべき」と1798年にすでに定められています。その後、1994年に差別を禁止する法律が制定されることにより憲法に修正が加えられました。憲法の正確な理解が進んでいなかったためです。1998年に「登録パートナーシップ」が制定されました。「婚姻」とは呼び方が異なる制度ですが、婚姻と同様に公的文書に登録されます。日本を何回も訪れた政治家ボリス・ディトリッヒの貢献によって2001年に正式にすべての人の結婚（同性婚）が認められました。この年の4月に 同性愛者の初めての結婚が行われ、2組の女性たちがこの日に結婚式を挙げました。

　強調すべき重要なことは、オランダの理念はすべての人が平等に扱われるという点で、法律や規制がそれを可能にさせるシステムとなっていることです。裁判を行う際に、もし弁護士を雇うのに十分な収入がない場合には、政府から弁護士が支給されるという仕組みになっています。差別があったかどうかを裁判所が公正に判断するためです。ほかにも（差別を防止する）さまざまな方法はありますが、司法はその砦となっており、裁判官は原則に従わなくてはいけません。

　同性愛者の婚姻の割合はフランスのものとほぼ同じとなっており、2001年には結婚が認められた元年ということもあり、結婚する人が増えましたが、その後はほぼ同じくらいの割合で推移しています。毎年、1250件ほどの同性愛者の結婚式が行われています。異性愛結婚は年平均6万件ぐらいですので、同性愛者の結婚は2〜3％となり、そのまま推移しています。

私も日本人のパートナーと結婚しましたが、オランダには同性カップルの結びつきに二つの選択肢があり、早く、簡単な選択肢は、公証役場を使うものです。男女の婚姻との最も大きな違いは、資産や不動産などの所有物は分けられたままにできる点です。男女の婚姻と同じく、同性愛者の婚姻では二人が車、宝石など互いの持ち物の共同所有者となりますが、（公証役場を使用する方法では）共同所有と明記しない限り、共同所有とはなりません。通常の結婚よりも費用はかかりますが、それは残念ながら避けられません。

トランスジェンダーについてですが、オランダでは16歳以上でしたら誰でも登録所へ行き、公的性別変更をすることができます。心理学者のカウンセリングを受ける必要がありますが、それによって手続きを行うことができなくなるということはなく、性別移行をする利点や問題点を知るために設けられます。このカウンセリングには一定の金額のお金を払う必要がありますが、性別の変更の登録は無料でできます。男性名から女性名、そしてその逆に変えることも同じ日に行うことができます。そういった点ではとても制度が整っています。

オランダでは以前から公的性別変更が可能でしたが、役所がそれを十分に理解していなかったため、政府が数年前にそれを明確にした法律を制定しました。2010年のころです。

私の意見では、法律上の変化はさまざまな取り組みの結果であり、そのためには、人々が声を上げて人々から変えていくのが望ましいのです。オランダではそれが起こりました。有名人や、タレント、政治家などがカミングアウトし、一般の人たちが「ああ、あの人もそうだったんだ。なんだ、べつに大したことはないのかも知れない」というように、偏見をもっていた人たちがそれを払拭できるようになったという経緯があります。同性婚が認められても、いつも曇っているような、オランダの有名な悪天候も変わることはなく、大きな変化も悲劇も社会には起こりませんでしたし、経済も以前と変わらず安定しています。人々も幸せに暮らしています。大きな誤解は、「同性婚を認めるとゲイが増える」とか「子どもが減る」という意見です。オランダも日本と同じく出生率は減少していますが、オラン

法律ができたことでどう変わったか

アムステルダムでの「ゲイプライド」イベント

第 1 部　世界の SOGI はいま

アムステルダムでの「ゲイプライド」イベント。軍と防衛省長官がイベントに参加

オランダ国王が LGBT 団体 COC を訪問。左端が国王

ダで同性婚が成立した 2001 年以降にその傾向が加速したという記録はあ
りません。

40 頁**写真**はアムステルダムの「ゲイプライド」イベントのときのもの
です 41 頁**写真上**は軍と防衛省長官がイベントに参加したときのものです。
41 頁**写真下**は、オランダ国王が COC と呼ばれる世界で最も古い LGBT
の団体を訪れている際のものです。COC の人々は日本にも訪れ、国会の
院内集会（レインボー国会）にも参加しました。オランダでは、国王さえ
LGBT 団体を訪問して、いわば国として、LGBT は偏見の対象ではまった
くなく、「あなたがどうであれ国民だ」ということを示したのです。この
大きな三角形の碑は第二次世界大戦で犠牲になったゲイの人々のためのも
ので、ホモモニュメントと呼ばれています。アムステルダムにあり、座る
ことができます。人々が座れるデザインになっていることで、オランダの
自由さを象徴しています。攻撃的な振る舞いや差別は法律が容認せず、罰
するという理念がここに表現されています。

私の意見としては、つねに意識を高く持ち、問題があるならば解決する
ということを続けていくことがオランダや他の国にとって重要なことで
す。日本にも課題があると思いますが、オランダ王国大使館は LGBT 問
題の認識を拡げるためのプログラムを設置しており、オランダ外務省の
LGBT 問題を担当している同僚や私から平等を推進させるための施策につ
いてお話しすることができます。日本がアジアで同性婚を導入する最後の
国にならないことを期待しています。最初の国にはなれませんが、ぜひ頑
張っていただきたいと思います。2020 年までには実現してほしいです。

第1部　世界のSOGIはいま

ニュージーランド
テサ・バースティーグ
在日ニュージーランド大使館

　LGBTやSOGIに関し、ニュージーランドの法律と政策がどのように対応したかという非常に重要な問題についてお話をできるのは、大変光栄なことと感じています。本題に入る前に、私の個人的な経験の話から始めさせていただきます。

　ニュージーランドの小さな町の高校に通っていたときに、友人の一人がゲイでした。彼は家族や友だちにカミングアウトするか悩み、ほかの子どもと違うということを恥ずかしく思われることに苦悩しました。18歳のころにカミングアウトし、周りの人には問題なく受け入れられました。しかし、その直後、彼のボーイフレンドと手をつないで道を歩いていたところ、知らない人に罵られ大変嫌な経験をしました。もし私たちの親の世代でしたら、カミングアウトは絶対にしなかったでしょうし、手をつないで道を歩くということもなかったでしょう。現在成人した世代とは異なり、いまなら高校ではゲイであることを認めている生徒が毎年必ず数人います。それぞれ問題も抱えていますが、ほとんどの人にとって普通のことであると受け入れられています。普通に成長し、選んだ相手と結婚することができます。

　オールブラックスというニュージーランドのラグビー代表チームがゲイコミュニティを応援するツイートをしました。こういったことが年を経て社会が変わってきたことを示していると感じますし、公的政策や法制度の変化がそれと相まって起きていると感じます。

　1986年にLGBTに関する法の改正が行われ、16歳以上の同性間の性的関係が合法化されました。その次の大きな動きは、1993年の「1993年人権法」で、性的指向による差別を禁止しました。この法律自体には性自認についての記述はありませんが、裁判所により、性自認の問題も含まれていると解釈されています。

　同性婚に関してはオランダと似ていますが、2005年にシビル・ユニオ

43

ン（パートナー法）という婚姻に似た仕組みが新たに法制化され、異性・同性愛者両方に利用可能となりました。2015年には同性婚が合法化されました。2018年3月、同性間の性行為が合法化される前に罪に問われた人々の犯罪歴を無効とする制度がつくられました。

公的政策については、いくつかを選んで述べさせていただきますが、教育と医療は重要な分野となっています。ニュージーランドでは公的政策すべてがLGBTコミュニティーも含めた形で打ち出されるよう心がけています。例えば、DVや精神医療に関するキャンペーンが打ち出された際は、LGBTの人に対する配慮が組み込まれました。教育省はLGBTの子どもたちにとって過ごしやすい教育環境とするため国際的な標準を参考にし、多大な努力を図りました。

公的性別変更についてですが、ニュージーランドには身元証明として使えるものに2種類あります。パスポートと運転免許証の2つです。この2つに関しては、2012年から国の決めた申請書に記入し、「誓約（statutory declaration）」と呼ばれる、日本では公証役場にあたるプロセスによって、これら2つに示される性別を変更することができます。このプロセスでは、体に変更を加える必要はありません。

性別を変更すると、対応して名前を変えたくなる場合がほとんどですが、名前を変えるのはとても簡単です、用紙を提出し少しの料金を払うだけでできます。名前変更には「誓約」のプロセスは必要ありません。

ホルモン治療が政府の補助のもとに16歳から利用可能です。また、政府から少額の補助金が出ている性別適合手術もありますが、年間4人のみ受けることが可能です。16歳以上の多くの人がこれを受けるために順番待ちリストに名を連ねて待っています。

ここでニュージーランドの法律と政策の変化について簡単に説明させていただきたいのですが、他の国同様、段階を追って改善してきました。1986年にようやく同性間の関係が合法化されたというのは驚くべきことですが、「シビル・ユニオン」法案が通過し、婚姻の平等にたどり着くまでにも多くの反対がありました。そして、2013年に男女と同等の同性間の結婚（いわゆる同性婚）が合法化されました。NGOなどの働きかけによっ

て民意が変わったことで、考えを変えた保守派の議員も多くいました。「シビル・ユニオン」法案に反対していたある保守系議員が同性婚の法案が提案された際にスピーチを行い、ユーチューブなどでも有名となりましたが、「見てください。ゲイのレインボーがここにかかっています」みたいな感じで、民意の変化を強調しました。同性婚の問題は賛否両論に分かれましたが、5年が経ったいま、当時のことを振り返ると、反対した人たちでさえ現在はあまり、このかつては意見を分けた課題について、関心を向けていないことがわかります。「なぜあんなに大騒ぎしたのだろう」という感じです。世界は終わりませんでしたし、人々はそのままの生活を続けました。変わったのは民意の方でした。

　公共サービスにおける LGBT の人々の扱われ方がしばしば問題になります。特に人口が少ない地域などでは、地域のお医者さんにそういった特別な知識が備わっていないなどの課題が残ります。私の意見では、市民社会の民意、立法、公的政策の3つはそれぞれ関係し合っており、そのためある特定の分野では、民意に先立った法律の制定が社会に変化をもたらすこともありますが、その逆もまた可能です。

＊LGBT 法連合会共同代表・池田宏による補足

　少しつけ加えさせていただくと、「1993 年人権法」とは、私たち LGBT 法連合会で掲げている LGBT 差別禁止法に該当する内容のものです。私自身が 1996 年にニュージーランド人のパートナーといっしょに暮らすべく渡航したときに、そのころは法律の詳細は知らなかったのですが、われわれ同性の2人を事実婚の男女と同じ扱いをしてくれるといわれました。もし私がニュージーランドでうまく仕事が見つからなくて、外国人移住用のポイント制度を使って永住権等の居住権が確保できなければ、私たち2人の関係をよく知っている友人の何人かに、「この2人はコミットメントのある暮らしをしてきたのをよく知っている」という証言を政府に対して出してもらえれば、私は永住権を受けられるということで、安心してニュージーランドに移住することができました。

　その前に、米国でも付き合った人と米国居住を考えたことがあるのです

が、その際には同性婚のシステムも人権法もなかったのでうまくいきませんでした。パートナーと関係ができていっしょに住みたいというときに、この人権法があったおかげで、うまくいっしょに家族生活を維持でき、以来24年、家族生活が続けられています。

　どの国でも同性婚の話が出てくるのですが、それだけではありません。カップルにとっても差別禁止法ができれば、大きな効力、影響力があるということも、注目すべきです。

| | | | フランス | サラ・ヴァンディ | 在日フランス大使館 |

　最近数多くの機会で、フランスでの経緯や現在の状況についてお話しすることで、日本のLGBTに関する研究や検討に貢献することが出来、大変光栄に思っています。ここではフランスのLGBTに関する法制度のこれまでの展開について話させていただきます。

　ブラジルと同様、市民社会が大変重要な役割を果たしましたので、そのことと、その他の活動についてお話しします。主な反差別政策の法律として、まず1972年に初めて人種差別を禁止する法律がつくられました。

　そして、10年後に同性間の関係が合法化されました。その過程で差別の禁止に関する文書が裁判所によって多くつくられましたが、それらは職場における差別から人々を守る上で重要な役割を果たしました。反差別についての法律には25項目が設けられており、性的指向や性自認もそれに含まれていますが、それ以外の項目も差別を禁止する内容となっています。これらはヨーロッパなどの国際規準を参考にして設定されています。

　2004年、反差別と平等のための機関が設立され、その後「人権擁護委員会」と名前を変えました。独立した組織の設立をEUから要請された結果、設立されました。この「人権擁護委員会」は政府関係の機関から差別を受けた際に相談に乗り、それを政府に報告することができます。

　しかし、法律では権利を推進することは特にされていません。アファーマティブ・アクション（積極的優遇政策）が一般化されているアメリカと異なり、フランスには障がい者の雇用に対する手当がある以外、そういった制度はありません。ですから、LGBTの権利を推進するための動きとしては理解を向上させるための活動や学校での取り組みが主なものとなります。

　同性カップルについてですが、1999年にフランス政府により民事連帯契約が同性愛者だけでなくすべての人に認められました。フランスではパックス（PACS）と呼ばれています。結婚とほぼ同様に捉えられていま

したが、法的な効力は結婚ほどは強くありません。市民団体の強い要望の
もとで設立されました。ある弁護士は、このパックスにより同性カップル
が初めて法的に認知され、法的文書に記載されるようになったことは、フ
ランスにとっては革命的なできごとだとしています。

　その5年後、南フランスの小さな町の市長が2人の男性が結婚すること
を認めましたが、裁判所によって妨害され、1カ月の停職処分を受けまし
た。しかし、そのことによりこのような問題についての議論がわき起こり、
メディアなどで取り上げられることによってタブーでなくなりました。

　裁判所が重要な役割を果たしたブラジルとはかなり状況が異なります
が、フランス憲法局によると、結婚の定義は立法者によって決まるとなっ
ています。つまり政府です。2013年、ついにすべての人が結婚と養子縁
組をすることができるようになりました。裁判所はこれ以来結婚の定義を
「2人の異性もしくは同性による契約」としました。2018年、この法律の
5周年を迎え、ルモンド紙などニュースでも多く取り上げられました。

　この5年間で4万組の同性カップルが結婚し、結婚全体の3.5%を占め
ます。同時にパックスを選択するカップルの数も増え続けています。融通
が利くという理由でこの制度を好む人も多くいます。しかし、フランス全
体の結婚式の数は減少しつつあります。なぜなら、日本とは異なり、フラ
ンスでは結婚をせずに子育てをするカップルが多くいるからです。

　フランスでは現在、結婚と養子縁組の権利がすべての人に保障されてい
ますが、法的な局面で若干の差があります。現在議論されている問題は、
生殖補助医療です。これらの生命倫理の問題は近年独立した団体が開く国
民会議でも議論されました。そういう場で、一般の人も意見を述べるなど、
活発な議論をすることができており、生殖補助医療を利用できるのは異性
カップルだけでよいのか、インターネットで意見の集約を進めています。[*]

　公的性別変更についてですが、フランスは1990年代に欧州人権裁判所
に要請されたことにより、1992年に法律が制定はされましたが、要件の
ハードルがけっこう高かったのです。1996年に新たな法律が制定され、
公的性別変更をよりしやすい環境となりました。この新たな法律により性
同一性障害に苦しむ人だけではなく、18歳以上の人すべてが公的性別変

更をできるようになりました。その際、裁判所へ行き裁判官の認可が必要となります。2016年以降、政府機関で手続きをすることで、名前を変えることが可能となりました。この二つの大きな変化がどのような効果をもたらすかを判断することはまだできませんし、特にフランスではトランスジェンダーの人の割合が少ないため、意見を収集することが簡単ではありません。

18歳以上の人は誰でも公的性別変更をできるのは確かながら、裁判官は公的性別変更がその人物に適切な性別となっているかどうかを判断しなくてはいけません。まだ事例が少ないため、変更の影響を判断することは簡単ではありませんし、地域の裁判所によって下す判断が若干異なりますので、数年後に結果がわかるかと思われます。公的性別変更の可否の判断基準は、これから見直しがなされるかも知れないのです。

フランスで法律が制定された文脈と過程は関連しているため、それを理解しない限り法律自体については理解できません。法律の制定は、市民活動家、LGBT権利擁護者や団体の取り組みによって実現しました。1980年代に発足したACT UPという団体などが社会のLGBTへの理解を広めました。「120BPM」という映画がつくられましたが、1980年代にエイズやLGBTはタブーとされており、社会のこういった問題への理解をこの団体が広めたことについての映画です。是非ご覧ください。

パックスの制定を進めた団体が、その後「結婚の平等」を推進しました。同性カップルに限ったキャンペーンをしたわけではなく、すべての人が結婚する権利を提唱しました。メディアも重要な役割を果たし、2004年にゲイの男性が焼殺された事件の直後、ルモンド紙は影響力のある人々が署名したマニフェストを掲載し、ほかのメディアでも大きく取り上げられました。同性の結婚をある市長が初めて容認したことによって、パックスだけではLGBTの人々にとって十分ではないという認識が拡がりました。日本にはLGBTの権利をサポートする弁護士のグループがあると思うのですが、フランスにはそのようなものがありません。しかし、個々の裁判の判決が重要で、あるケースでは、権利が侵害されたと感じる人が訴訟を起こし、その結果が社会に影響を与える判例となることもあります。

また、国際的な気運が大変重要で、欧州の他の国の多くがフランスより先に同性の結婚を合法化させるなか、政治が最終的な決断を迫られていましたが、フランソワ・オランドが2012年の大統領選挙のキャンペーンに「結婚の平等」を掲げました。彼が当選した後、国会の過半数をすでに獲得していたため、デモなどの後押しもあり、法案は可決されました。

＊編注

　ヴァンディ氏が発表で触れられた、生殖補助医療を巡る国民的意見集約の結果、2019年1月に、生命倫理関連法を司る議会内組織が、政策提言を含む報告書を発表した。そのなかで、生殖補助医療の適用をあらゆるカップルに認める提言がなされた。加えて、精子卵子提供者の完全秘密保持を覆す方向への提言もなされている。これら提言にもとづいて、生命倫理法の改正につき、内閣の草案が2019年6月に発表され、2019年秋には議会で審議される見込みである。

「トランプ現象」とは何か

兼子 歩 │ 明治大学専任講師

　私の専門はアメリカの歴史で、歴史学としてジェンダーやセクシュアリティの問題を研究しています。アメリカの歴史と現状の分析を通じて、日本の状況について考えてみたいと思います。

オバマ政権の 8 年のあとに

　まず、アメリカの状況ですが、**参考資料 1** の表をご覧ください。オバマ政権と現在のトランプ政権がそれぞれ SOGI 問題にどのように取り組んだのか、LGBT の権利を保護する、もしくは保護を取り消すどのような政策を行ったかを一覧にしてあります。政策の一部でとくに重要なものだけをピックアップしたものです。

　オバマ政権は 8 年間で SOGI 差別を禁止すること、つまりヘテロセクシュアルでシスジェンダーな主流派アメリカ市民と同等の権利を、そうでない人々に同じく保障するさまざまな施策を打ち、それを国務省の「グローバル平等基金」などを通じて世界にも広げていこうとしていきました。ところが、2017 年 1 月に発足したトランプ政権は、このオバマ政権の遺産をすべてひっくり返すことを目指していることがわかります。

　参考資料 2 を見ますと、トランプ政権が行ってきた政策は、オバマ政権の大統領令、司法省や教育省が行った政策をすべて取り消す形で進んでいったことがわかります。そのため、ここで歴史の逆転現象を起こしているように映っている部分はあります。しかし長期的に見て、アメリカの歴史的な展開が今後はトランプ大統領の方向になっていくのかといえば、必ずしもそうとはいえないのではないかと思います。

　一つには、世論調査を見ても、同性婚に対する支持は 2004 年以降ずっ

参考資料1

バラク・オバマ政権における、LGBT 権利保護のための主な政策

年	月	内　　　容
2009	10	連邦ヘイトクライム防止法の改正により、性的指向（sexual orientation）および性自認（gender identity）を対象として含める
2010	3	医療費負担適正化法（ACA、オバマケア）成立 → 保険会社に、LGBT であることを理由に保険販売を拒否することを禁止する条項
2010	12	ドント・アスク・ドント・テル（カムアウトした同性愛者の兵役を禁じる米軍の政策）を撤回し、性的指向に基づく入隊禁止を廃止
2011	2	大統領および司法長官、連邦政府における結婚の定義を男女間に限るとする「結婚防衛法（DOMA）」を違憲裁判で擁護しない声明 → 2013 年 6 月ウィンザー判決（DOMA への違憲判決）、2015 年 6 月オーバーゲフェル判決（同性婚禁止への違憲判決）を促す
2011	12	国務省、世界で LGBT 権利保護を拡大するための「グローバル平等基金」を設置
2012	5	オバマ、大統領として史上初めて同性婚を公式に支持する発言
2014	12	司法長官、1964 年公民権法第 7 篇（Title VII）の雇用における性差別禁止条項には、トランスジェンダー差別も含むと解釈されるとする通達
2015	2	国務省、最初の LGBT 人権担当特別使節を任命
2016	5	司法省および教育省、1972 年教育改正法第 9 篇（Title IX）における教育プログラムの性差別禁止条項には、トランスジェンダー差別も含まれるとする解釈を発表
2016	6	内務省国立公園局、ニューヨーク市のストーンウォール・インを国立モニュメントに指定

"See Obama's 20-Year Evolution on LGBT Rights," *Time*, April 10, 2015, および "Fact Sheet: Obama Administration's Record and the LGBT Community," the White House, President Barack Obama より作成

参考資料2

ドナルド・トランプ政権下における主な LGBT 権利保護縮小政策

（2018 年 4 月まで）

年	月	内　　容
2017	1	トランプ大統領、行政命令でイスラム圏 7 カ国からの移民禁止・難民受け入れ停止（→ 性的指向による被迫害者も） 司法省および教育省、Title IX による平等保護対象からトランスジェンダー学生を外す
2017	7	トランプ大統領、行政命令によりトランスジェンダーの兵役を禁止する 司法省、Title VII における性差別禁止規定が性的指向による差別を含まないとする意見書を裁判所に提出
2017	10	司法省、連邦ワシントン DC 地区裁判所に、トランスジェンダー兵役禁止の大統領令に対する訴訟を却下するよう意見書を提出（→ のちに連邦地裁で違憲判決） 司法長官、Title VII による差別禁止はトランスジェンダー労働者にも適用されるとする従来の司法省の解釈を撤回
2017	10	司法省、「信教の自由」ガイダンスを連邦各省庁に通達
2018	1	保健省、医療従事者に対して「信教の自由」を理由とした患者への医療サービス拒否を可能とする通達。省内に「信教の自由」保護のための「良心信仰部」を新たに設置。
2018	2	BuzzFeed News が「教育省は性自認に基づくトイレ使用を禁止されたトランスジェンダーによる公民権侵害の申し立てに対して、以後調査を行わない」と報道
2018	3	トランプ大統領、「性別違和 gender dysphoria」の診断歴があるトランスジェンダーを兵役禁止にする新たな行政命令

The Leadership Conference 公式ウェブサイトより作成

と着実に伸びてきています。同性愛に対する道徳的否定感情をもつ人もどんどん減っていることが、さまざまな世論調査からもわかっています。つまり、大きな歴史の展開からすると、この数十年でSOGI差別は明らかに減りつつあるのが流れであることは確かです。

　もう一つは、アメリカの大きな経済の流れと国家のあり方自体が、ダイバーシティ、つまり多様性を求める方向に動いていることも確認する必要があります。近年、連邦レベルでも州レベルでも、SOGI差別的な法律や行政的措置が導入されると、これに対する抗議運動が非常に盛んに行われています。

　そして日本と状況が大きく違う点は、当事者であるセクシュアル・マイノリティの人々や、それに共鳴するアライの人々だけではなく、グローバル企業、アメリカを代表するような大企業やその幹部たちがLGBTフレンドリーな職場環境の整備に努力するのみならず、差別的な法律や条例が制定される、あるいは制定の動きが見えてくると、企業として公式に抗議をするということが起こっています。例えば、2016年に南部のノースカロライナ州でトランスジェンダーを差別する法律ができたときに、グーグル、マイクロソフト、フェイスブック、ユナイテッド航空、アメリカン航空、フォード社といった名だたる企業がこの差別法に反対する共同声明を出しました。ある製薬会社は、ノースカロライナ州につくるはずだった新しい製薬工場の建設を取りやめる発表をしました。近年では、このように大企業のトップが積極的にLGBTの問題に参画することを「CEOアクティビズム」と呼ぶこともあります。

LGBTに親和的なグローバル企業の動き

　このようなLGBTに親和的なグローバル企業の動きの背景には、一つには消費者としてのLGBTを無視できなくなったという事情がありますが、それだけではなく、アメリカにおける大きな経済構造の転換という理由があります。アメリカは日本に比べて早く「脱工業化」が進んだ社会です。従来は画一性にもとづいた効率性が生産性を保障すると考えられていました。しかしポスト工業化の時代になって、金融や、特にIT・ハイテ

ク企業が経済の中心を担うようになっていったときに、画一性よりもむしろ知的な創造性が重視されるようになってきました。創造性こそが生産性を保障し、新たな富を生み出す。そして、その創造性を生み出すものがじつは従業員のダイバーシティ（多様性）であるという考え方が生まれてきているのです。

　例えば、経済学者として著名なリチャード・フロリダ（トロント大学）は、その著書で現在のアメリカ経済もしくは先進国経済においては、創造性を用いた生産活動を行うクリエイティブ・クラス（創造的階級）と呼ばれる層の人々こそが現在の富の源泉であると述べ、そうした人々をたくさん集められる街こそが繁栄する都市であると指摘しています。そのような都市にとって必須の条件とは何かというと、ダイバーシティだというのです。端的にいうと、多国籍的であり、多文化的であり、LGBT に開かれた都市こそが、新しい産業で創造性を発揮する人々を集めて繁栄する。アメリカでいえば典型的にはサンフランシスコを中心としたベイエリア、ニューヨークやシカゴという街ですが、近年ではテキサス州のヒューストンなども注目されています。

　こうしたなかで、グローバルに市場を求めて展開し、新たな富の源泉を求める先進的企業にとっては、従業員の多様性が生産性を高める上で必須の要素であることから、むしろそうした企業が積極的に SOGI 差別反対、LGBT の権利保護に取り組む動きをみせています。こうした形で、企業とLGBT の関係に「ウィン・ウィン」の関係が生まれつつあるのが近年の状況です。アメリカでは LGBT 権利団体も、大きな組織になると多額の寄付金を企業から集めて、企業と密接にコラボレーションしながら自分たちのアジェンダを推進しています。

　近年ではアメリカ軍も、そのパフォーマンスをより高めてグローバルに展開する力を強化していくためには組織の多様性が必要であるという認識を抱いていることが、ここ数年の国防総省の報告書には現れてきました。そうなってくると、国家・軍隊・企業と LGBT の間に「ウィン・ウィン」の関係ができてきたように見えます。

流れに乗れない人々

そうみると「トランプ現象」とはいったい何なのかという問題になりますが、以上を踏まえると「トランプ現象」とは、そのような大きな流れに乗れなくなっている地域に暮らしている人たち、そういう流れに乗りたくない、もしくは乗ることが難しい人々、しかし「多様性」が否定されマイノリティ差別が当然であったことによって恩恵を受けてきた人々の、最後のあがきのようなものだと考えることができます。2016年選挙でトランプが多く得票した州は、基本的には経済的に衰退していて、LGBT の権利を保障する法律がほとんどない、南部や中西部の州です。そうした州では近年、SOGI マイノリティに対する差別的な法律がしきりに制定されている、あるいは制定が試みられているという特徴があります。

ただ、ここで私たちが気をつけなければならないことは、近年の大きな流れは、ビジネスや政府や軍にとって有益とみなされる資質を持つ機会に恵まれた LGBT にとっては可能性の拡大となりますが、そうでない人々はおいてきぼりにされること、それにもかかわらず、そうした人々の存在を不可視化した状態で「LGBT の主流化」がアメリカ社会の多様性と先進性の証として賞賛されてしまう可能性があるという問題です。

アメリカでは白人で高学歴の LGBT、特にゲイ男性は、SOGI マイノリティのなかでも人種や階級やジェンダーなど SOGI 以外の属性を理由として社会のなかで不利になることがないため、SOGI マイノリティを代表する存在として取り上げられがちです。そして彼らは SOGI マイノリティのなかでも成功しやすい資源を持っており、かれらの成功が、LGBT 全体の向上と多様性の高まりと同一にみなされやすい傾向もあります。

しかし非白人や貧困により学歴資本を獲得する機会に恵まれなかった LGBT は、このような流れに乗ることは難しく、社会の周縁に追いやられた状態が続いていることが多くあります。たとえば、UCLA ウィリアムズ研究所の調査によると、白人男性の同性カップルの貧困率はアメリカ人全体の平均よりも低いものの、アフリカ系やヒスパニック系の同性カップルやその子どもの貧困率は飛び抜けて高いということです。

SOGI という問題だけに焦点を絞っていると、じつは SOGI の差別がほ

第 1 部　世界の SOGI はいま

参考資料 3

アメリカにおけるトランスジェンダーの貧困率（%、2014 年）

アメリカ全体	14.8
ラティーノ全体	23.6
黒人全体	26.2
ラティーノのトランスジェンダー	28
黒人のトランスジェンダー	34
先住民 LGBT	55

参考資料 4

子どもの貧困率（%、2014 年）

	全体平均	白　人	黒　人
親が男女のカップル	12.1	10.5	15.2
親が女性同士のカップル	19.2	12.2	37.7
親が男性同士のカップル	23.4	12.5	52.3

参考資料 5

年間所得 1 万ドル以下の人の比率（%、2014 年）

	全　体	ラティーノ	黒　人
全　体	4	5	9
トランスジェンダー	15	28	34

参考資料 3 ～ 5 は Center for American Progress と the Movement Advancement Project による共同レポート "Paying an Unfair Price" (April 2015) より。参考資料 3 は全体の数値に United States Census Bureau のデータを使用。

かの差別と複合して深刻な社会的排除や周縁化を生み出しうる（インターセクショナリティ）という点を見落としがちになってしまうのではないかということにも、目を向けなければいけないと思います。

LGBTは「資源」ではなく「人間」だ

この点に関連して、私たちは人間を「資源」として見ることに疑いをもつことが、長期的には必要ではないかと感じています。先にも紹介したリチャード・フロリダのような議論は、「町おこし」的な政策やプロジェクトに、LGBTを「利用」することを正当化するように援用することも可能です。つまり、経済発展のためにはいまは「多様性」が必要だ、そのためにはLGBTを取り込んでそのLGBT「ならでは」の「特殊」な「才能」を生かしてもらおう、それを推進するためにLGBT条例のようなものを制定しよう…というような考え方です。

しかしこのような考え方は、言い換えればSOGI差別を規制し、SOGIマイノリティの権利を保障することを経済開発のための手段、「資源」とする考え方になっています。そして経済開発は結局、成功すればマジョリティが最も恩恵を受けるものです。マジョリティの利害のためにLGBTが利用され、もし、LGBTの権利保障を推進してもマジョリティが期待したほどの経済成長をもたらさなかったら、その時からそうしたロジックに立脚したLGBTの権利保障は正当性を失っていくことになります。

2014年に『週刊東洋経済』と『週刊ダイヤモンド』が立て続けにLGBT特集を組みました。それらは「LGBT市場をねらえ」というテーマで、アメリカでかつて「ゲイ・マーケティング」と呼ばれていたものを日本に導入しようとするものです。そうした議論のなかには、ショッキングなものも含まれています。「LGBT市場」がなぜ有望かというと、その理由のひとつは、とくに同性愛者は結婚することができないので、子どもにお金を使うことがないから、可処分所得が高い。だから消費者として有望である、ということが指摘されていました。同性愛者が市場として有望なのは権利を剥奪されているからだという、皮肉な話になっているのです。SOGIマイノリティを資源として「活用」しようという論理が優先される

と、怖いことになるのではないでしょうか。

　アメリカでも経済学の議論で多いのは、ダイバーシティを高めることがGDP（国内総生産）を何％上げる、という話です。人間をまず人権と尊厳をもつ人間として見るということがSOGI差別の問題の大前提にあるべきなのではないか。当たり前といえば当たり前なのですが、LGBTブームのような現象のなかで忘れられそうなことを、もう一度取り戻すことが長期的に必要ではないかと思います。

　インターセクショナリティに関して述べておくと、しばしばこういう意見を耳にすることがあります。「私は同性愛を否定するつもりはないが、同性婚には反対だ。同性婚を認めてしまうと、ハードルが下がったことにより、同性愛者が増え、少子化に拍車がかかるからだ。少子化が進むと全体的には国力の低下につながる」。同性婚が導入された国と否定している国の比較、アメリカで同性婚を率先して導入した州と抵抗した州の出生率を比較すれば、こうした意見は的外れだとわかりますが、それ以上に重大な問題は、このような意見の前提となる考え方です。こうした主張は、女性を国家のための人口再生産の資源というふうにとらえて、その資源としての能力を最大限に活用するためには、同性婚の権利は認めるべきではないということをいっているのです。これはかなり錯綜していますが、ここには女性差別とSOGI差別がリンクしながら展開していることが、よく表れているのではないかと思います。

　SOGI差別はそれだけを単独に扱っても、差別の背景にあるより深い問題にはたどり着けない恐れがあります。女性差別、学歴・階級差別、人種・民族差別、外国人差別など、さまざまな差別とリンクしているという視点が必要だと思われます。

　したがってSOGI差別の問題だけではなく、人種や階級などさまざまな次元で、人間を資源として考えることに疑問を呈し、人間を人間として全面的に解放していく道を考えることが、長期的に必要ではないでしょうか。LGBTを資源として生産的か否かという視点で評価する社会は、あらゆる人々を資源として価値があるか否かで切り捨てる社会です。そのような社会のあり方を変えていく必要があるのではないでしょうか。

2020年という好機に

明治大学の政治経済学部では現在、オリンピックを通じて社会問題・政治を考えるリレー講座を開いています。そのなかで私はジェンダー・セクシュアリティに関する諸問題について担当しています。

オリンピックは非常に大きなきっかけになりえます。教育の現場などで積極的にオリンピック憲章を使ってSOGI差別の問題に関する啓発をするのに、いいチャンスになるのではないでしょうか。

オリンピックに関連して日本で耳にする議論は、どうしても「金がかかる、かからない」の話であるとか、経済効果の話、そして「日本がんばれ」のような愛国主義が中心になっています。実際には、あらためてオリンピズム、つまりオリンピックはそもそも何のために開かれるものなのかという原理・原則に立ち戻る必要があると思います。スポーツを通じて平和と国際理解を行うのがオリンピックであり、平和な社会の実現に必要なこととして私たちはSOGI差別の問題と向き合わなければならないのだということにを確認し、教育・啓発活動の機会をなるべく増やしていくことは、迂遠ではあるのですが、確実な社会の変化のための一歩になりうるというのが、私が現在思っていることです。

【参考文献】

• Lisa Duggan, *The Twilight of Equality?: Neoliberalism, Cultural Politics, and the Attack on Democracy*（New York: Beacon Press, 2003）.

• 兼子歩「アメリカにおける同性婚運動とグローバル化時代の新自由主義」三宅芳夫・菊池恵介編『共同研究　近代世界システムと新自由主義グローバリズム：資本主義は持続可能か？』作品社、2014年。

• 兼子歩「統治の制度としての多様性：アメリカ同性愛者権利運動の歴史から考える」兼子歩・貴堂嘉之編『「ヘイト」の時代のアメリカ史：人種・民族・国籍を考える』彩流社、2017年。

• Ayumu Kaneko, "The Same-Sex Marriage Campaign in the Age of Neoliberalism," *Japanese Journal of American Studies 26*（2015）,pp169-191.

• 佐藤文香「軍事化される『平等』と『多様性』」『ジェンダー史学』第12号（2016年）、37-50頁。

英2010年平等法における ハラスメント禁止

内藤 忍｜労働政策研究・研修機構副主任研究員

　イギリスでは、性的指向・性自認を含む特定の属性に基づく差別は2010年平等法（Equality Act 2010）という法律で禁止されています。2010年平等法のしくみについて簡単に説明しましょう。

包括的、横断的な差別禁止

　2010年平等法（Equality Act 2010）の特徴の1つ目は包括性・横断性です。性的指向・性自認だけではなく、その他の保護特性（protected characteristics）についても一緒に差別やハラスメントを禁止しているということです。同法には保護特性として、①年齢（age）、②障害（disability）、③性別再指定（性自認）（gender reassignment）、④婚姻および民事パートナーシップ（marriage and civil partnership）、⑤妊娠・出産（pregnancy and maternity）、⑥人種（race）、⑦宗教または信条（religion or belief）、⑧性別（sex）、⑨性的指向（sexual orientation）の9つが規定されています。保護特性という言葉は、イギリス特有なのですが、日本的にいうと差別事由です。差別事由を横断的に適用しています。

　2010年平等法といいますが、2010年に至るまでイギリスが差別禁止のための法律を何も持っていなかったわけではなく、例えば性自認に関しては1999年に「性差別禁止（性別再指定）規則」が、性的指向に関しては2003年の「雇用平等（性的指向）規則」が既に制定され、性的指向や性自認に関する差別やハラスメントが禁止されていました。9つの保護特性はそれぞれ個別の法律や規則で禁止されていたのですが、2000年から10年間かけて包括的な法である2010年平等法に統合されました。それまでは、保護特性ごとの法律・規則にもとづいて個別事案を判断していたのですが、

例えば、人種差別の場合と性差別の場合で異なる定義や判断基準で判断されるなど、保護特性間で「平等のヒエラエルキー化」ができてしまいました。つまり、同じ平等問題なのに、依拠する法律や規則が違うことで、判断が異なるという事態が生じていました。こうしたこともあり、さまざまな保護特性を同列に、一つの定義の下に判断する包括的な差別禁止法が誕生しました。

生活上のあらゆる領域で

この法律のもう一つの特徴は、多領域性（多分野性）です。雇用領域だけでなく、サービス・公的部門、不動産部門、教育部門、団体部門を適用対象領域としていて、生活上のあらゆる領域における差別やハラスメントが禁止される法になっています。日本では、差別禁止というと、例えば男女雇用機会均等法がありますが、「雇用」という領域に限定された法です。一方、この2010年平等法は雇用だけでなく、学校における差別やハラスメントも含みます。それから、サービスを受ける立場として差別やハラスメントを受けないことも規定されています。

もう一つの特徴は、禁止される行為の一つである直接差別のなかに、ある特性をもつ者との関係性によって不利に扱われることも含めていることです（関係差別）。例えば、性的マイノリティのきょうだいがいることで、差別を受ける場合です。それからその人が性的マイノリティであると誤って認識されて、差別やハラスメントを受ける場合（認識差別）も直接差別の一つとして、同法が適用になります。

差別禁止法制はすべての人が社会に参加するための基盤

欧州のこうした性的指向・性自認に関する法規制の趣旨は、「社会的包摂」です。差別禁止法制は、すべての人が社会に参加する上での基盤です。性的指向・性自認を含む、あらゆる属性にもとづく差別やハラスメントが禁止され、皆が社会から排除されずに参加できるようにすることが重要です。日本政府は「活躍」という語をよく使いますが、社会参加促進の理由は、その人がすごい「活躍」をするからとか、経済的利益を生み出せるか

ら、というものではありません。社会に存在するだけでいいのです。それが人権です。この目的のもと、性別、障がい、年齢、人種など、あらゆる属性にもとづく差別やハラスメントを禁止する包括的な立法によって、性的指向・性自認に関する人権も同時に保障されていくことが必要だと思います。

日本で短期的にどう取り組むか

東京オリンピック・パラリンピック競技大会組織委員会が「持続可能性に配慮した調達コード」(2017年3月)で、関係企業等に性的指向・性自認に関する差別やハラスメントの禁止を求めたことについては、大変意義があると思います。これは、組織委員会が調達する物品等の製造・流通等に関係する企業等に対し、調達コードの遵守を求めるというものです。オリンピックに関わる企業は大企業が多いこともあり、取組み促進に一定の効果があるでしょう。しかし、人々が働いている会社はオリンピック・パラリンピックに関係ないところがほとんどです。オリンピック・パラリンピックに関連づけた取組みだけでは、差別はなかなか解消しないでしょう。やはり差別禁止の立法が必要だと思います。そして差別やハラスメントの禁止は、たんなる理念的なものではなく、十分防止され、差別された場合の救済があるなど、実効的なものでなければ意味がありません。

そして、民間だけでなく、模範を示すためにも、公務部門が率先して差別やハラスメントの禁止にきちんと取り組むことが重要だと思います。

第2部 日本の SOGI はいま

第2部　日本のSOGIはいま

支援の現場から　電話相談の取り組み

原 ミナ汰 | NPO法人 共生社会をつくるセクシュアル・マイノリティ支援全国ネットワーク代表理事 LGBT法連合会共同代表

　生活次元でのLGBTの課題はどうなっているのでしょうか。一つの国にたくさんの人たちが住んでいて、何かを進めていくときに大事になるのは、複眼的にものを見ることです。単眼的に一つのことに光をあてると、影の部分が見えなくなります。ではどうやって複眼的にものを見るのかというと、周りの人と協力して、一つのことをさまざまな視点で見る必要があります。私は、相談の現場からいまどうなっているのかを見てみたいと思います。

「よりそいホットライン」のセクシュアル・マイノリティ回線

　私はNPO法人共生社会をつくるセクシュアル・マイノリティ支援全国ネットワーク（共生ネット）という団体からLGBT法連合会の共同代表の一人になって、みなさんと活動しています。私たちの団体の活動は、主に電話相談や対面相談、交流スペースなどのファシリテーションです。ほかにも教材用DVDや、支援マニュアル指針をつくっています。

　これまで電話相談の取り組みにとくに力を入れてきました。なかでも一番大がかりな取り組みは、「よりそいホットライン」（次頁**図1**）のセクシュアル・マイノリティ（セクマイ）回線です。これは、東日本大震災の1年後の2012年3月11日に始まった電話相談システムで、携帯電話からでも公衆電話からでも固定電話からでも、全国どこからでも無料で通話でき、24時間365日やっている相談ですが、そこにセクシュアル・マイノリティ専門回線を設けようということになり実現したものです。

　それを皮切りに、世田谷区、渋谷区、多摩市など、自治体の相談窓口も増えてきました。ほかに文京区の交流スペースをはじめ、地域の方々が集

67

〈支援の現場から〉　電話相談の取り組み

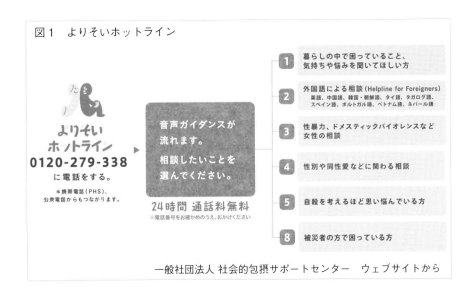

図1　よりそいホットライン

一般社団法人 社会的包摂サポートセンター　ウェブサイトから

まって、性的指向や性自認について情報交換したり、困り事があれば話ができる居場所づくりなど、自治体レベルでもさまざまな取り組みも始まっています。

　次頁の図2を見ていただくとわかるように、これだけたくさんの相談が来ているわけですが、「よりそいホットライン」はそのコアになり、年間3万件以上の相談を受けています。2016年度のアクセスは30万件ほどでした。60万件という年もありましたが、だいぶ落ち着いてきています。

　「よりそいホットライン」に電話をかけてくる方の年代は若い人が多く、上の一般回線と比べると倍以上の方が10代、20代です。それに比べて、50代以上は少なく、では50代以上は困っていないのかというと、むしろ孤立は深いといえます。困ったときにどうしているか心配です。これがセクシュアル・マイノリティ回線にかけてくる相談者の傾向です。

　性別分布は、一般回線と比べますと、セクシュアル・マイノリティ回線はだいたい三割がM（男性）とF（女性）の両方にかかる、もしくはそのどちらでもないXの相談です。これだけ多様な人々がかけてきています。

　では何が問題かというと、困難の特徴の第一は「自分のことを人に伝えにくい」「いいたくない」というものです。ただ、いいたくないことでも、

68

第2部　日本のSOGIはいま

図2　よりそいホットライン「セクマイ回線」相談者の年代と性別分布（2016年度）

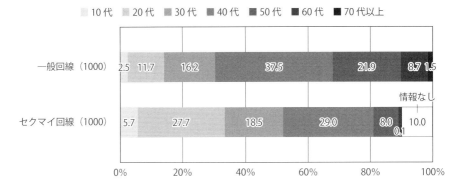

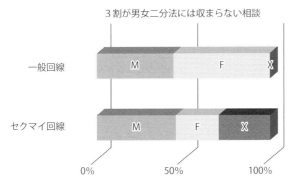

性別統計のとりかた：性自認をMFX三択に

どうしてもいわねばならないときもあるわけです。普段は「べつにいいたくないことは、いわなくていいよ」で済むのですが、そういうときばかりではないので、困っているわけです。

　次頁図3はカミングアウトで誰にどれだけ伝えているかのグラフです。「誰にも伝えていない」という方が約3割。とくにゲイ男性を中心とした男性の数字が5割と大きいです。アウティングの数字も出ています。医療では、トランスジェンダー、戸籍上は男性だが、性自認は女性、など属性が男性・女性にまたがる方（Xの部分）は、半分くらいが人に伝えています。これはジェンダー・クリニックに行ったり、医療にかかったりして相談す

〈支援の現場から〉 電話相談の取り組み

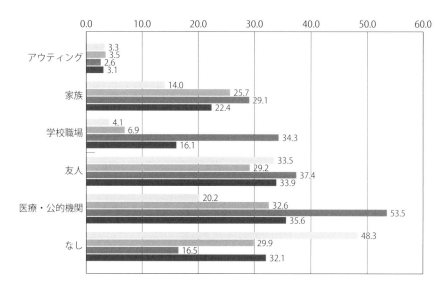

図3　困難の特徴：伝えにくい、言いたくない
カミングアウト～誰にどれだけ伝えているか、いないか

るときに、当然自分自身の性別について伝える必要があるからです。

　ところが、同じ医療を見ても、シスジェンダーの男性は２割しか伝えていません。男性として生まれて男性として育っていく方は、より話しにくいといえます。おおかた性的指向の話、つまり自分がゲイ、あるいはバイセクシュアルであるということが伝えにくいようで、８割の人は話していません。お医者さんにさえいえないというのはどういうことでしょう。医師にかかる理由はさまざまで、ただ風邪を引いたから、という場合もあれば、精神科医にかかる場合もあります。電話相談にかかってくる方の６割は精神科への通院歴があるという結果も出ていますから、じつは精神科医に自己開示がしにくい状況があるのです。「もうひと押ししてくれればいえるのに」という人もいます。

　では、どんな相談をしているのか、どういう形で相談しているのか見てみましょう（次頁図４）。相談は対象者別に４種類に分かれます。一つは、

第2部　日本のSOGIはいま

図4　相談形態：対象別に4種類に分けると

1	「アイデンティティベース」の相談 対象者の性別や性アイデンティティを限定	対象：ゲイ男性、レズビアン女性、トランスジェンダー本人などを想定 ⇨ ピア的サポートを提供
2	性的指向の課題、性自認の課題など、SO/GIのどちらか一方のみ扱うもの	対象：LGB/T本人のみ もしくはその家族を想定
3	性的指向・性自認関連の課題ならなんでも、というLGBTQ相談	対象：LGBTQとその家族、支援者、援助職者など
4	社会的マイノリティの新たな課題として、SOGI課題に対応できる一般相談	ようやく始まりつつある インクルージョン対応型の相談 ⇨ アライとしてのサポート提供

▶今後の課題：SOGIを想定したインクルージョン型の一般相談を増やすこと
　⇨ LGBTの相談者が、SOGI相談の枠組みから一般相談へ移行。
　⇨ SOGI特化型の相談は、より複合的な悩みに対応できる。
　⇨ 教育課程、各種養成研修、資格試験などに組み込み、各分野でインクルージョンを徹底。
　・高校の授業、大学のオリエンテーション及び授業
　・対人援助に関わる各種資格試験問題に「性の多様性」基礎知識を組み込む
　　（教員、保育士、司法、司法書士、行政書士、臨床・公認心理士、精神保健・社会福祉士、医師、看護師、保健師、助産師、などの資格試験）

アイデンティティベースの相談です。例えばゲイのための電話相談、トランスジェンダーのための電話相談など、対象者の性別や性的アイデンティティを限定するものです。2番目は、性的指向の課題のみ、性自認の課題のみ、というふうにSOGIを二つに分けたもの。SOかGIのどちらかの課題を扱っている相談もあります。この二つは、相談としての間口は狭いですが、非常に深く、その人の抱えている課題を共感的に傾聴できるという特徴があります。そのかわり、そこにおさまりきれない人は、なかなか入りづらいというわけです。ほとんどの場合は同じ課題を抱えた仲間が相談員となり、仲間同士のピア的なサポートを提供しているのです。

71

〈支援の現場から〉　電話相談の取り組み

　３番目と４番目は少し対象者の範囲が広がります。性的指向・性自認関連の課題なら何でも受けつける相談、LGBT に Q を加え、「自分のことがよくわからないので相談したい」という人も含まれます。対象も、家族、支援者、援助職者など、本人だけでなくさまざまな立場の方が電話してきやすいようにできています。「よりそいホットライン」などはこの類です。ここでは、相談を受けるのは誰か、が問題となります。間口が広いということは電話をかけやすいし、どんな相談でも飛び込んでくるということで、いい面もあります。しかし、多様な課題すべてに受け応えができる神様のような相談員はいません。では、どうやって連携して対応していくのかが問題となるわけです。

　最後は、とても大事なのですが、社会的マイノリティの課題としてSOGI の課題に対応できるような一般相談です。いろいろな自治体で悩み相談などの一般相談をやっていますが、そのなかで SOGI の課題の相談にきちんとのれるところも徐々に出てきています。例えば、「よりそいホットライン」には４番というセクシュアル・マイノリティの相談を受ける専門回線がありますが、１番の「なんでも相談」でも、セクマイの人が相談できるようになりました。

インクルージョン型の一般相談を

　今後の課題は、SOGI を尊重したインクルージョン型（包摂、社会的受容）の一般相談をもっともっと増やさなければいけません。そうしないで、SOGI 関連の相談が全部セクシュアル・マイノリティに特化した相談窓口に行ってしまうと、そこに「区別」ができてしまうからです。一般相談の方でもどんどん相談を受けられるようになってほしいと思っています。例えば公認心理師の資格試験の設問などにしっかり SOGI の課題を組み込むなど、対人援助職の方々に知識がゆきわたる方法を考える必要があります。あるいは、高校の授業や大学のオリエンテーションに組み込んでいく、などの施策を進めないと、われわれだけでは相談を受け切れません。

　性的マイノリティの８割は人間関係の悩みです（次頁図５）。意外と思われるかも知れませんが、性の悩みそのものではなく、むしろ人間関係で

第２部　日本のSOGIはいま

図５　性的マイノリティの悩みの８割は人間関係の悩み

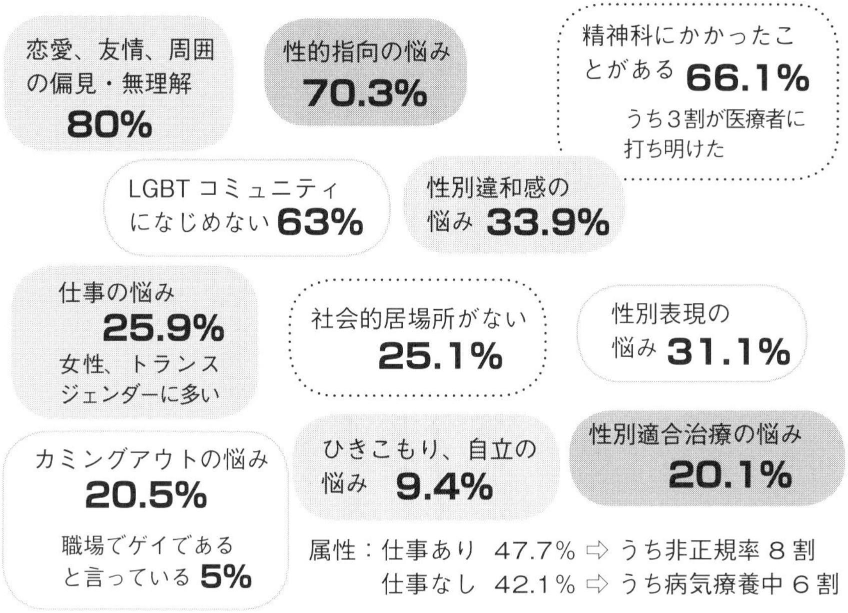

恋愛、友情、周囲
の偏見・無理解
80%

性的指向の悩み
70.3%

精神科にかかったこ
とがある **66.1%**
うち３割が医療者に
打ち明けた

LGBTコミュニティ
になじめない **63%**

性別違和感の
悩み **33.9%**

仕事の悩み
25.9%
女性、トランス
ジェンダーに多い

社会的居場所がない
25.1%

性別表現の
悩み **31.1%**

カミングアウトの悩み
20.5%
職場でゲイである
と言っている **5%**

ひきこもり、自立の
悩み **9.4%**

性別適合治療の悩み
20.1%

属性：仕事あり　47.7％ ⇨ うち非正規率８割
　　　仕事なし　42.1％ ⇨ うち病気療養中６割

（2016年度よりそいホットラインセクシュアルマイノリティ
専門電話回線1000件の分析）

悩んでいるのです。カミングアウトの悩み、恋愛・友情の悩みなどです。友人関係の悩みは尽きないようで、相談員も「解決してあげよう」というわけにはいきません。「周囲の無理解・偏見」に悩む人は相談者の８割にのぼるという結果が出ています。

　最近増えている相談（次頁**図６**）は、Ｑつまり「クエスチョニング」の相談です。若いころは誰しも「私は誰なのだろう」と迷います。情報が出てくれば出てくるほど、「これかな、あれかな」と迷います。また、Ｘジェンダーも含め、男女二分法になじまない相談が増えています。保護者からの相談は２種類です。小さい子をもつ親の相談は、性自認に関する揺れが大きく、「どちらの性別で入学すればいいか」などの相談が増えています。もう一つ、「成人した子が引きこもっている。社会に出られない。死んでしまうかも知れない」という切迫した相談も、実は増えているのです。そ

〈支援の現場から〉　電話相談の取り組み

図6　最近増えている相談類型

Qの相談 ⇨「LGBTのどれにもあてはまらない」
アイデンティティ探し ⇨ 3割

Xジェンダー含め、男女二元論にあてはまらない ⇨3割

保護者からの相談　子育て中の親へのサポート
　⇨ 幼児、小中学生の子の性自認と就学時の学校対応に関して
　⇨ 成人した子が、ひきこもっている、希死念慮をもつ

支援者からの相談　過去に自死した若者がLGBTだった、自分の対応はあれで
よかったのか。もっとできることがあったのでは。

学校や職場でのアウティングの相談、予期不安の相談
・悪意ある中傷、興味本位の噂話。不利益を承知のうえ拡散
　「SNSで拡散され被害を被った」
・悪意なき拡散：協力者が本人の同意なく周囲にふれまわる
　⇨ 情報ゾーニングの不徹底
・複数の社員からカミングアウトされた上司が、交流を促す目的で「ｘ ｘ さん
　もゲイだよ、今度話してみたら…」(本人の同意があるか不安)
・学校や職場で性別移行する際「集団へのカミングアウト」を促す
　　　　　　　　　　　　　　　　　　　　　　(朝礼での挨拶など)
　⇨ カミングアウトは一度で済ませず、小刻みに

（平成28年よりそいホットラインセクシュアルマイノリティ専門電話回線1000件の分析）

れだけ相談できるようになってきたといえます。

　支援者からの相談もあります。「自死した方がいるが、私の対応はあれ
でよかったのか。どうして防げなかったのか」と苦しむ方の相談も増えて
います。学校や職場でのアウティング（暴露）にはおもに二つのタイプが
あり、悪意があって「あの人、これをいわれたら困るだろうな」と思って
やるものと、そうではなく「何とか応援したい」と思って話したが、結果
的に本人の同意を得ていなかった、というアウティングもあります。そう
いう区別もしながら対応しています。

　周囲と自分の性の違いに気づく時期が非常に早いということが、いくつ

第 2 部　日本の SOGI はいま

図 7　周囲との性の違いに気づく時期

性自認＝ 12 歳までに、性的指向＝ 16 歳までに気づく子が過半数

		最頻値	最頻域値	
いのちリスペクト。ホワイトリボンキャンペーン LGBT 学校生活調査＝ 609 名	性別違和のある男子（TF/X）	小学校入学前（25%）	小学校入学前～小学 6 年生	出典：LGBT の学校生活に関する実態調査（2013）N ＝ 609 いのちリスペクト。ホワイトリボンキャンペーン
	非異性愛男子（BG）	中学 1 年生（25%）	小学 6 年生～高校 1 年生	
	性別違和のある女子（TM/X）	中学 1 年生（18%）	小学 6 年生～高校 1 年生	
	非異性愛女子（LB）	中学 2 年生（18%）	小学 6 年生～高校 1 年生	
岡山大学ジェンダークリニック受診者＝ 1167 名	性別違和のある男子（MTF）	小学校入学以前（33.6%）	身体が男子の場合、その後高校生以降まで、10%台	第 31 回小児保健セミナー　思春期と性の問題をめぐって　中塚幹也
	性別違和のある女子（TM など）	小学校入学以前（70%）	8 割以上は小学校低学年までに自覚	
	非異性愛男子（BG）	中学生 12 ～ 15 歳（17%）	小学校以前～中学が半数以上	出典：思春期におけるライフイベント平均年齢（1025 人）Yasuharu Hidaka、1999

　もの統計で出ています（**図 7**）。性自認は小学校に入る前という人も多くいますし、性的指向には 16 歳くらいまでに気づきます。

　ところが、気づいてから最終的に社会的に受け入れられるまでに、非常に長いプロセスが始まるのです（次頁**図 8**）。ここは性的マイノリティの、ほかの人たちとは違う部分で、SOGI の取り扱い上、一番大変な部分です。自分が気づいてから、特定の誰かにカミングアウトするまでの時間自体も長いし、相手が受け入れるのにも時間がかかる。生活基盤となる帰属集団にカミングアウトするかどうか、誰もが様子見をしています。例えば車で交通量の多い道に出ようとしたときに、向こうからスピードの速い車が来ると、出られません。それが様子見です。永遠に様子見をしていて前に進めないということもあります。受容されれば次に進めるけれど、もし拒絶されれば、生きづらさがいまの何十倍にもなってしまいます。ですから、

〈支援の現場から〉　電話相談の取り組み

図8　SOGI関連課題の特徴

極めて個人的な気づき
　　　⇨「社会的受容」までの長いプロセスの随所に関門あり
❶　気づき ⇨ 自己受容 ⇨ 特定他者へカミングアウト ⇨ 個人として受容
❷　⇨ 帰属集団へのカミングアウト ⇨ 集団から受容
❸　⇨ 広く不特定の人へのカミングアウト ⇨ 集団として社会から受容

ミクロ領域　気づき ⇨ 自己受容 ⇨ 特定の誰かにカミングアウト
　　　　　　⇨ 特定の誰かから受容
メゾ領域　　生活基盤となる帰属集団 ⇨ カミングアウトするか？様子見
　　　　　　からかいや拒絶があれば ⇨ 躊躇、足踏み（停滞）
　　　　　　受容 ⇨ 次に進める／拒絶 ⇨ 生きづらさ増大
　　　　　　専門職やメディアへのカミングアウト ⇨ アドボケート活動
　　　　　　⇨ 広く不特定の人が受容
マクロ領域　社会集団としてカミングアウト
　　　　　　⇨ 規則、条例、法改正を含めた生活環境の整備
　　　　　　どんな困り事があるかが判れば、個人を特定せずに整備可能

地域でのカミングアウトより、専門職や政治家へのカミングアウトの方がしやすいわけです。個人として生活の場でカミングアウトするのが危険ならば、まずは社会集団として、生活圏外でカミングアウトしよう。たとえ集団的カミングアウトでも、困り事さえ具体的にわかれば、個人を特定しないまま環境の整備・調整が可能です。LGBT法連合会で頑張って進めているのは、個々人では取り組みにくい生きづらさの解消なのです。

LGBT嫌悪とアウティング

　公共事業として自治体の相談や交流を実施しているときに、いくつか問題が出てきます。一つはフォビアといわれますが、「LGBTなんていやだ」という嫌悪感に自治体としてどう対処すればいいのか、職員の方は困っています。

　こんなときどう考えたらいいかについて、私たちは次のような助言をお

第 2 部　日本の SOGI はいま

図 9　領域別にみる SOGI の多様性 —— 現状は埋没型

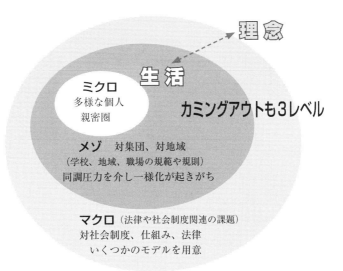

エンパワメント
相談者が気軽にアクセスできる「社会的居場所」を増やすこと

マクロ領域
　　パレードなどの大規模な集まり
　　匿名性が高い「こんなにいる」
　　50名以上の交流会など
　　中規模の集まり（基本ルールあり）
　　アナウンス効果を期待

メゾ領域
　　安心できる場
　　20名以下の顔のみえる交流会
　　　（ファシリテータ同席、運用可能なルール）
　　7～8名以下、心理的安全性の高い集まり
　　　（ファシリテータ同席、ピア的な相互サポートグループ）
　　カウンセラーや相談員との個別面談

伝えしています（前頁**図9**）。人の住む領域にはミクロ（個人の人間関係や親密圏）とマクロ（社会的な制度、法律など）がありますが、その中間に「メゾ領域」（地域や職場、学校など）という生活領域があります。メゾ領域において、人は個人ではなく、みんななんらかの役割を担っています。スポーツ選手のフェアプレーの精神を考えてみてください。スポーツ選手はみな人それぞれで、意見もまちまちですが、プレーするときには「選手」です。そこにはルールがあり、そのルールに従わないとイエローカードが出たりレッドカードが出たりします。嫌悪の感情はなくせなくても、プレーするときは、きちんとルールを設定し、それに従ってフェアプレーをすることが大切です。これはあたりまえのことなのですが、いままでLGBTやSOGIに関しては、このフェアプレーさえ適用されていませんでした。ですから、今後は公正な場にしようという話をしています。

　もう一つは、アウティングを防ぐにはどうしたらいいかです。自治体は地域の団体です。地域で活動するわけだから、みんな誰かお互いに知っている場合があります。そんななかで「集まれ〜」といっても、来られない人がいます。どうしたらいいか。私たちは知恵を絞り「中域対応」はどうかと考えました。例えば、3つの市区町村でいっしょに何かできないか。あるいは市町村合併などをしていれば、最低限3つの地域があれば、自分の住まいから遠くの場所に行けば知っている人も少ないわけです。これはDVのシェルターの斡旋などにも使われている手法です。その2つを提案したいと思います。

スティグマをなくすためには

　首都圏の自治体ではSOGIの課題への関心が高まっていますが、やり方には日ごろの習慣が反映されます。ある自治体が地域のLGBT団体とつながって何か事業をやろうとすると、その時点で負荷がかかってしまう問題があります。連携をしたときにいろいろな福祉的課題でどこかにお任せにするというスタイルがあり、それと同じスタイルでLGBTの団体にお任せしている自治体は新しい課題を学べません。行政は学んでいかなければならないので、お任せではなく、ともに学習してもらいたいのです。そ

第2部　日本のSOGIはいま

図10　スティグマ（負の烙印、社会的なレッテル貼り）

- 特定の集団に属する人々に対し、社会が押す「恥ずべきこと」という負の烙印。社会がゆとりを失うとスティグマの種類が増える。
- 具体例：不登校、月経、結婚を経ない出産、不妊、家族の自死、感染性の病、精神疾患、身体障害、親の出身地や職業、生保受給

WHOによるとスティグマとは
- 「烙印を押す側」（スティグマタイザー）による特定集団の支配
- 差別と社会的排除の主な要因
- 貶め（DOWN）、同調させ（IN）、遠ざける（AWAY）
- 対象者の自尊感情を奪い、家族関係を乱し、人との交流を制限し、住まいや職探しに支障を来す
- 精神疾患の予防を阻害し、治療やケアの提供を阻む
- 仲間と繋がることを難しくする（孤立）
- 人権侵害の要因となる

スティグマを剥がすには

LGBT対応の三原則：**貶めない、違いを認め接する**
⇨ 環境調整による「スティグマの除去」
❶ 個人としても集団としても貶めない（ハラスメントしない）
❷ 違いを認める（カミングアウトをスルーせず、受容する）
❸ 社会心理的距離を縮める（密に対話する、共通点を探る）

れが行政の現場をよく知っている方々とつくるやり方ではないかと思います。

　もう一つは、例えば相談を始めると自治体はすぐ成果を求めます。「何人から電話がかかってきましたか？」「少ないな。これでは何もしていないことになる」というのです。長年放置されてきた困り事を、相談活動を始めることになったからといって、すぐに話してくれると思ってはいけません。長年放置されてきて、半ば諦めている人もいますので、これは長いスパンで見る必要があります。スティグマとは、レッテルを張られてし

〈支援の現場から〉 電話相談の取り組み

図 11　LGBT 対応の NG 例と好事例

LGBT 支援の NG 例	LGBT 支援の好事例
いつから？ どうして？ なぜ？ などと詰問調で尋ねる	「初めて気づいたのはいつ頃？」などと落ち着いた話し方をする
見当違いの助言（否定、拒否）「ただの趣味でしょ？」「治しなさい」など間違った知識を元に助言 する	最低限の基礎知識は得ておく講座、研修の受講、新聞・雑誌・ネット記事
助言のつもりで口止めカミングアウトに前向きな相談者に対し「他には言わない方がいい」と安易に口止めする	しっかり相談にのるどうすればより安全に前に進めるか、道筋を一緒に考える
アウティング本人の許可なく、相談内容を相談者の家族や同僚などに伝える	情報ゾーニングこれまでに打ち明けた範囲、話していない範囲を聞き、対応を本人と相談
沈黙、ノーコメント、スルー何もしない、何も尋ねない、話を受け流す＝社会的ネグレクト（社会的責任の放棄）やらない理由：プリベンション（予防）（介入）（事後介入）：成果がみえないから（低評価）インターベンション介入：難しい、勝てない、どうせうまくいかない（諦め）ポストベンション事後介入：起きてしまったこと、今さらやっても仕方がない（責任放棄）	聞き出しの優先順位ミクロ：心理的受容メゾ：・生活習慣・経済状況・医療関連・心理的擁護・環境調整（改善）マクロ：・社内規定、法令・制度利用

まうことですが、それを剥がすのにはとても時間がかかるのです（前頁図10）。ところが自治体では人事異動が 2 年か 3 年に 1 回あるので、引き継ぎをしっかりして、10 年くらいのスパンで見守っていただきたいのです。

　これは精神科医療を思い浮かべるとわかりやすいのですが、かつては非常にハードルが高く、精神科に出入りすることすら見られたくないという

声が、日本全国どこでもありました。いまではけっこう受診率も高まっていて、「行ってよかった」という声も増えています。こういう変化をもたらすには時間がかかります。精神科医療への受診者の増加も、自立支援医療制度の導入から7、8年かかっています。

　スティグマをゆっくり剥がしていくことに、じっくりと取り組んでほしいと思います。前頁**図11**では相談を受ける際に気をつけることを表にまとめています。

裁判の現場から

裁判からみる法整備のニーズ

永野 靖 | 弁護士

　私に与えられたテーマは「日本における性的指向や性自認に関するこれまでの裁判例」についてですが、実際に判決が出ている裁判は少ないので、私が現在手がけている係争中の事件も含めて4つの事例をご紹介したいと思います。

府中青年の家事件

　1つ目は「府中青年の家事件」です。「動くゲイとレズビアンの会」（別名アカー）という団体が、1990年に府中青年の家という東京都の施設の宿泊利用をしました。そのときにほかの団体から、「ホモがいる」「オカマがいる」といわれたということがありました。その後改めて宿泊利用の申し込みをしたところ、東京都から利用を拒否された事件です。それに対して、宿泊利用の拒否が違法であるとして、国家賠償請求訴訟を起こしたのがこの裁判です。

　結論としてこの裁判はアカー側が勝訴をしました。利用拒否は違法であるとの判断がくだされました。判決の詳細は、　審の東京地方裁判所1994年3月30日判決については判例タイムズ859号163頁以下、二審の東京高等裁判所1997年9月16日判決については判例タイムズ986号206頁以下をご参照いただきたいのですが、一点だけ重要な部分をご説明します。控訴審で東京都は、利用拒否をした1990年のころは同性愛に関する知識はまだ十分に知ることができなかったので、確かに後になって振り返ってみれば、東京都の利用拒否は間違っていたかも知れないけれども、当時としてはやむを得なかったので過失がなかったという主張をしました。

それに対して高裁は次のように判示しました。「平成二年当時は一般国民も行政当局も、同性愛ないし同性愛者については無関心であって、正確な知識もなかったものと考えられる。しかし、一般国民はともかくとして、都教育委員会を含む行政当局としては、その職務を行うについて、少数者である同性愛者をも視野に入れた、きめの細かな配慮が必要であり、同性愛者の権利、利益を十分に擁護することが要請されているものというべきであって、無関心であったり知識がないということは公権力の行使に当たる者として許されないことである」。この判示された部分は、公権力を行使する立場にある者は、社会的少数者である同性愛者の権利を十分に擁護することが要請されていると述べ、すべての人の人権擁護という憲法の基本原理が性的少数者にも妥当することを示したという意味で非常に重要な部分だと思います。

S社性同一性障害者解雇事件

　1つ目は「S社性同一性障害者解雇事件」で、2002年、いまから16年前の事件です。これは性同一性障害者特例法制定前に起こった事件です。戸籍上の性別は男性、性自認は女性という方が女性の容姿で勤務することを希望したのですが、それに対して会社が女性の容姿で勤務してはならないと業務命令を出し、それに反して出社したところ、それを理由にして懲戒解雇された事件です。

　結論としては懲戒解雇は懲戒権の乱用であり、無効であると裁判所は判断をしました。当時はまだ労働契約法ができる前ですので、解雇権の濫用法理の枠組みに従って判断をした判決です。当時はいまに比べても、もっと性同一性障害や性自認について理解がない時期でしたが、裁判所は正しい判断をしています。

　すなわち、「Xが性同一性障害であり、他者から男性としての行動を要求され又は女性としての行動を抑制されると、多大な精神的苦痛を被る状態にあった」という事実認定をし、自認する性別に従って社会生活を送ることが個人の人格的生存にとって重要である、という正しい理解をもってこの判断をしているということです。会社側はほかの従業員が嫌悪感や違

和感を抱いて会社が混乱すると主張したのですが、それに対しては「他の従業員の抱く違和感や嫌悪感は、性同一性障害に関する事情を認識し、理解するよう図ることにより緩和する余地が十分にある」といい、そういう理解をうながすことを、この会社は何もやっていないではないですかといっています。そして結論は解雇無効としたという判決です。

以上2件がこれまで行われてきたものでした。

経産省職員の事件

いま係争中のものとして、経産省の事件をご紹介します。

40代の経産省の職員の方で、戸籍上の性別は男性で性自認は女性の方です。入省時には男性の容姿で入省されました。それまでにも性別違和はあったのですが、入省した後に性同一性障害との診断を受けて、プライベートの生活のなかでは少しずつ女性の容姿で生活をすることを続けて、女性ホルモン療法を始めて、プライベートの生活では女性として生活をしてもう大丈夫だという状態になりました。そしていよいよ職場でも女性として職場生活を送りたいと2009年に経産省の当局に申し入れをします。1年くらい協議をした上で、経産省側がその段階ではある程度理解を示して、2010年から女性としての勤務を開始することができました。

ただ、女性用のトイレについては、当面の間は勤務するフロアから2階以上離れたフロアのトイレを使用するようにという条件をつけられました。問題はその後、2年経っても3年経ってもいっこうに経産省がその態度を変えなかったことです。当然2、3年も経てば、当事者の方がそもそも以前には男性の格好で勤務をしていたことを知らない人も増えてくるのです。ご本人は女性として溶け込んで職場生活を送っていきたいと考えているのに、相変わらず同じフロアの女性用のトイレは使えないのです。それから経産省の側は異動したときには改めて「私は性同一性障害です」と説明をして、同僚の理解を得たならば女性用のトイレを使っていいけれども、そうでなければ障害者用のトイレを使いなさいということをいったのです。何年も経って女性として職場生活を送ることに馴染んでいるのに、これはおかしい、何でいつまでもこういう条件を課されるのですか、と人

事院に行政措置要求（職場の処遇改善を申し入れる制度）を行ったのですが、人事院でも経産省の処置は妥当であると判断をしたので、訴訟になったのがこの事件です。

　何といっても肝心なのは、先ほどＳ社事件で申し上げた通り、性自認というのは個人の人格の核をなす重要な問題なのだということが一つと、もう一つはほかの同僚の女性が違和感を持ったとしても、理解をうながすことで解消されることであり、そもそも女性用のトイレは個室なのでいっしょになるのは共用スペースだけなのです。ほかの女性の同僚が違和感を持つとしても、その違和感と当該性同一性障害を有する女性が女性として職場生活を送っていく利益を比較し、どちらが重要な問題かと考えたときに、女性用のトイレが使えないのは違法だと私たちはいま主張をしています。

日本人同性パートナーを有する外国人の在留資格

　最後に、「日本人同性パートナーを有する外国人の在留資格」の問題で、いま訴訟をしています。25年前に日本に来た台湾出身の外国人の男性は、初めは日本語学校に通うため留学という在留資格で日本に入りました。一度台湾に帰国してから、短期滞在の在留資格で日本にまた入国しました。そのときに日本人男性と知り合い、お互いすぐに惹かれ合い、再度短期滞在の在留資格で入国した際に同居を開始します。残念ながら3カ月の在留期限が迫り、本人は台湾に帰るのか日本人パートナーとこのまま暮らし続けるのか迷うのですが、最終的には離れがたく、そのまま日本に残りました。

　オーバーステイですので、法律には違反しています。ただ仮に異性カップルであれば、オーバーステイになる前に結婚をすれば「日本人の配偶者等」という在留資格を得ることができます。しかし、同性カップルにはその選択肢がありません。そう考えれば、この方がオーバーステイになってしまったことを、異性カップルとの比較という点では、そう強く非難できないのではないかと思います。また、仮にオーバーステイになっても、異性カップルであれば、結婚することによって在留特別許可が付与される

ケースが多数あります。しかし、この台湾出身の方は、20数年間も日本人パートナーと婚姻と同視できる関係を継続してきたにもかかわらず、国は在留特別許可を付与せず、いまは退去強制処分の命令が国から出され、台湾に帰れという状態になっています。その命令を取り消せということで訴訟をいまやっています。

「日本人の配偶者等」という在留資格が存在すること自体が、お互いに愛し合い助け合って生活する二人の関係を保護する立場に日本の法律は立っていることを示していますが、同性カップルであるがゆえにこの二人が保護されないのはおかしいではないか、家族形成権を保障していると解される憲法13条、平等権を定める憲法14条に照らしてもおかしいではないか、といま訴訟になっています。

【追記】

本件訴訟は、2018年12月に実施された尋問（台湾人原告の本人尋問及び日本人パートナーの証人尋問）後、裁判所が被告である国に対して、退去強制処分を見直すことはできないかという異例の打診を行ったところ、2019年3月15日に東京入国管理局長により在留特別許可が出され、定住者・1年の在留資格が付与されたため、同月20日に終了となりました。日本人同性パートナーを有する外国人に在留特別許可が出されるのは私が知る限りでは初めてのことであり、同性カップルの権利保障にとって新たな一歩となりました。

資料　SOGIに関する裁判例（上記裁判例の詳細）

府中青年の家事件

（1）事案の概要

「動くゲイとレズビアンの会」（別名アカー。同性愛者相互のネットワーク

づくり、同性愛に対する正確な知識と情報の普及、同性愛者に対する社会的な差別や偏見の解消等を目的として活動する同性愛者の団体）による東京都府中青年の家の宿泊使用申し込みについて、東京都教育委員会がした使用不承認処分が違法であるとして同団体の東京都に対する国家賠償請求訴訟が認容された事例。

　一審　東京地方裁判所 1994 年 3 月 30 日判決（判例タイムズ 859 号 163 頁）
　二審　東京高等裁判所 1997 年 9 月 16 日判決（判例タイムズ 986 号 206 頁）

（2）使用不承認処分に至るまでの事実経過

（ア）東京都府中青年の家における勉強会合宿とリーダー会における団体紹介

　アカーは1990年2月、東京都府中青年の家において勉強会合宿を行った。参加者は高校生から 20 歳代の男性ゲイのみ、約 20 名。府中青年の家においては、各利用団体の代表者が集合して行われるリーダー会があり、その場で各団体の自己紹介を行うことになっていた。アカーのメンバーは、アカーは上記の目的を持って活動する同性愛者の団体であるという趣旨のことを述べ、リーダー会に出席していた他団体のメンバーに、アカーが同性愛者の団体であることが知れるところとなった。

（イ）他団体メンバーによる言動

　その後、アカーのメンバーは、高校生メンバー 2 人が入浴中に数人の少年サッカークラブの小学生に浴室を覗き込まれて笑われたり、青年キリスト教団体のメンバーから「こいつらホモなんだよな、ホモの集団なんだよな」といわれたり、メンバーの 1 人が朝食を待って並んでいたところ、少年サッカークラブの小学生から「一番後ろに並んでいる人ホモ」といわれたり、食事の後には、メンバー 1 人が部屋へ戻る途中の廊下で、少年サッカークラブの小学生たちから「またオカマがいた」などといわれたりする、といった言動を受けた。アカーは、これらの言動を同性愛者に対する偏見に基づくものであると受け止め、府中青年の家に臨時のリーダー会を開くよう求める等して善処を求めた。

（ウ）アカーと府中青年の家との交渉と利用拒否

87

さらに、アカーは府中青年の家に、今後はこのようなことが起こらないようにするため交渉を申し入れるとともに、同年5月の連休にも府中青年の家を宿泊使用しようとして申込みをしたところ、同年3月24日の話し合いで、府中青年の家の所長はアカーの利用を拒否すると述べ、さらに、東京都教育委員会は、同年4月23日、同性愛者による本件青年の家の宿泊使用は、東京都青年の家条例8条1号（「秩序を乱すおそれがある」）及び2号（「管理上支障がある」）に該当するとしてアカーの利用について不承認処分をした。

cf. 地方自治法244条

1項　普通地方公共団体は、住民の福祉を増進する目的をもつてその利用に供するための施設（これを公の施設という。）を設けるものとする。

2項　普通地方公共団体（次条第三項に規定する指定管理者を含む。次項において同じ。）は、正当な理由がない限り、住民が公の施設を利用することを拒んではならない。

3項　普通地方公共団体は、住民が公の施設を利用することについて、不当な差別的取扱いをしてはならない。

（3）争点～使用不承認処分に正当な理由はあるか

（ア）不承認処分時の教育長コメント

青年の家は「青少年の健全な育成を図る」目的で設置されている施設であり、男女が同室で宿泊することを認めていないが、このルールは異性愛に基づく性意識を前提としたものであって、同性愛の場合異性愛者が異性に対して抱く感情・感覚が同性に向けられるのであるから、異性愛の場合と同様、複数の同性愛者が同室に宿泊することを認めるわけにいかない等。

（参考）同年3月24日の所長回答要旨

あなたたちが「ホモ」「オカマ」という表現に対して不快に思い、抗議の意思を表明することは当然のことかと思うが、あなたたちが前記報告書で取り上げた4件は「いたずら」や「いやがらせ」の域を超えた「差別事件」とまでは考えていない。所長としては「犯人探し」の経過をたどったことには異論があり、子供の行為に行き過ぎはあったが、一方、あなたたちは

自らの人権を主張するあまり子供の人権についての考慮が希薄となっていた。府中青年の家としては、原告アカーの抗議を各団体に伝えるとするのが妥当であったと考えている。T係長は混乱しないように努力したものであるが、一部発言に穏当を欠くものがあったらその点については謝罪する。あなたたちのメンバーが同性愛者であること、あなたたちが同性愛者の団体であると主張することは、自由であるが、しかし、そのことが原因で他の団体との不要な摩擦が生じたり、余計な心配をしなければならないことは、所長としては大変に困る。あなたたちメンバーの「主張や行動」が今日の日本国民（都民）のコンセンサスを得られているとは思わない。青少年の健全な育成を目的として設置された教育機関の長として、あなたたちのメンバーの主張や内在する行為を支援するわけにはいかない。青少年の健全な育成にとって正しいとはいえない影響を与えることを是としない立場にある者として、次回の利用は断わりたい。

　（イ）第一審において東京都が主張した不承認処分の理由

　府中青年の家においては男女が同室に宿泊することを原則として認めていない。その理由は、〈1〉もし男女を同室に宿泊させれば、その男女が性的行為を行ないあるいは行なう可能性があり、これは青年の家の設置目的に著しく反する。〈2〉同室または他室の青少年が男女の性的行為を直接目撃し、あるいは、実際にそこで男女の性的行為が行なわれると否とにかかわらず、男女が同室に宿泊をしていることを知って性的行為が行なわれるものと考えこれを想像した場合、その青少年に無用かつ重大な混乱や嫌悪感を生じさせ、その性意識に多大な悪影響を及ぼし、これは青年の家の設置目的に反する。〈3〉男女が同室に宿泊をしていることを知った青少年がその男女に対して嫌がらせ等の行為に出るおそれがあり、その場合には府中青年の家の秩序が乱され管理運営上の支障が生じ、これは青年の家の設置目的に反する。〈4〉青年の家で男女を同室に宿泊させることについては国民（都民）のコンセンサスが得られていない。

　男女を同室に宿泊させないという右の原則は、複数の同性愛者にもそのままあてはまるものである。なぜなら、同性愛者は、異性愛者が異性に対して抱く感情と同じ感情を同性に対して抱くものであり、性的意識が同性

に向かい、同性との間で性的行為をもつ者であるから、もし複数の同性愛者を同室に宿泊させた場合には、男女を同室に宿泊させた場合と同様に、右のような事態が生ずるからである。したがって、複数の同性愛者を同室に宿泊させることはできない。

（ウ）第2審において東京都が補足して主張した不承認処分の理由

ⅰ　男女両性の間に係る問題についても、幼児・児童・生徒の発達段階の特徴と発達課題を精選して性教育の指導内容として計画することが重要であり、児童・生徒の学習に対するレディネス（準備能力）── 一般に学習に必要な身体的・精神的諸機能や諸能力、学習を進める上での基礎的な知識や技能の保持、学習態度の確立など ── に十分な配慮を払わないと、幼児・児童・生徒に強い精神的な衝撃を与える結果となる。これに対し、同性愛に対する社会的認知が行われ始めたのは、全世界的にみても最近のことであり、成熟した人間にとっても同性愛の問題は簡単に理解できることではない。したがって、青年の家の利用者のうち、最も性的成熟が未発達で、学習に対するレディネスが備わっていない小学生たちが同性愛者の同室宿泊を知れば、男女の同室宿泊以上に強い衝撃を受け、誤解あるいは理解不能な対象に対する過剰反応を起こす可能性を否定できないのである。

ⅱ　1990年当時の我が国における同性愛者に関する知識を基準とすると、同性愛者が青年の家を宿泊利用することが、小学生をはじめとする青年の家の他の利用者の健全育成に悪影響を及ぼすと判断したことはやむを得ないものであった。

（4）判決内容

（ア）利用不承認処分は違法

ⅰ　性的行為の可能性論について

異性愛者である男女が同室に宿泊する場合について検討するに、青少年の健全な育成を図ることを目的として設立した教育施設である青年の家において、性的行為が行われる可能性を避けるために、男女別室宿泊の原則を掲げ、この点を施設利用の承認不承認にあたって考慮すべき事項とする

ことは相当。そして、この原則を、性的行為が行われる可能性について着目して、同性愛者の同室宿泊について考えるならば、同性愛者を同室に宿泊させた場合、異性愛者である男女を同室に宿泊させた場合と同様に、一般的には性的行為が行われる可能性があるので、同性愛者の宿泊利用の申込に対して、この点を施設利用の承認不承認にあたって考慮することは相当。

　しかしながら、もともと男女別室宿泊の原則は、異性愛者である通常の利用者を念頭に、一般に承認されている男女別室の原則を青年の家においても当然に遵守させるべきであるとの考えから、その利用を承認するかどうかを決定するに際して考慮しているものと考えられるところ、右原則は、性的行為に及ぶ可能性を含む種々の理由から異性愛者に関する社会的な慣習として長年遵守されてきたものであり、同性愛者はもともと念頭に置かれていなかったものである。そして、同性愛者について、この原則を適用するに際して、性的行為が行われる可能性に着眼して、実質的にこれを判断しようとすると、青年の家が予定している宿泊形態（数名の者が同一の部屋に宿泊）では、同性愛者は、青年の家の宿泊利用は全くできなくなってしまうものであり、これは異性愛者に比べて著しく不利益であり、同性愛者である限り、青年の家の宿泊を伴う利用権は全く奪われるに等しいものである。

　そこで、男女別室宿泊の原則は、同性愛者について青年の家の宿泊利用権を全く奪ってまでも、なお貫徹されなければならないものであるのか、検討する必要がある。男女別室宿泊の原則は、青年の家において、性的行為に学ぶ可能性を少なくする男女別室という宿泊形態をとり、利用者にこれを遵守させることによって、性的行為が行われる可能性を一般的には少なくする効果はあるが、実際にそのような行為が行われないかどうかは、最終的には利用者の自覚に期待するしかない性質のものであり、これを絶対的に禁止することはそもそも不可能な事柄である。そして、青年の家において、性的行為に及ぶ可能性をなくすために、特に利用者の自覚を促したり、監視をするなどの働きかけをしているわけではない。また、青年の家における宿泊形態（特定の二人の利用者の宿泊ではなく、数名の宿泊者の

相部屋）においては、そもそも性的行為に及ぶ可能性がそれほど高いとはいえない。このように、この原則がその防止を狙いとする性的行為に及ぶ可能性自体が高いものではなく、右原則を適用してみてもその効果は疑問であり、効果を挙げようとする試みもされていない。男女別室宿泊の原則といってもその必要性と効果はこの程度のものである。現実には生ずる可能性が極めて僅かな弊害を防止するために、この程度の必要性と効果を有するに過ぎず、また元来は異性愛者を前提とした右原則を、同性愛者にも機械的に適用し、結果的にその宿泊利用を一切拒否する事態を招来することは、右原則が身体障害者の利用などの際、やむを得ない場合にはその例外を認めていることと比較しても、著しく不合理であって、同性愛者の利用権を不当に制限するものといわざるを得ない。

　ⅱ　他の青少年の混乱論について

　証拠によれば、性教育を実施するについては、特に、児童・生徒の学習に対するレディネス（準備能力）──一般に学習に必要な身体的・精神的諸機能や諸能力、学習を進める上での基礎的な知識や技能の保持、学習態度の確立など──を重視する必要があるとされていること、中・高校生の性教育に関する副読本においては、同性愛についても理解できるとの判断のもとに、これに関しても具体的に記述されていること、高校生の副読本においては、平成２年当時、同性愛が差別の対象とされてはならないことも記載されていること、小学生に対しても同性愛について説明し理解させることは可能であるが、それについては小学生の理解を前提とした特段の工夫が必要であること、小学生の性教育の副読本においては、大多数の人間が異性愛者であることから、基本的な性愛の説明として、異性愛者のそれを中心に説明し、同性愛者の説明は具体的にはされていないことが認められる。右事実によれば、青少年に対しても、ある程度の説明をすれば同性愛について理解することが困難であるとはいえないのであり、青年の家においても、リーダー会を実施するかどうか、実施する場合にはどのように運営するかについて、青年の家職員が相応の注意を払えば、同性愛者の宿泊についても、管理上の支障を生じることなく十分対応できるものと考えられる。

iii　嫌がらせ行為の発生等管理運営上の支障論について

仮に他の青少年によって右のような嘲笑、揶揄、嫌がらせ等の言動がなされ得るとしても、それは、他の青少年による青年の家の使用を拒否する理由にはなり得ても、相手方たる同性愛者による青年の家の使用を拒否する理由とはなり得ない。

iv　コンセンサス論について

都教育委員会は、「青年の家において複数の同性愛者を同室に宿泊させることについては未だ国民のコンセンサスが得られていない」との見解を持つ。しかし、そもそも、国民の大部分は、これまで同性愛について深く考えたことはなかったのであって、右の様なコンセンサスが得られていないとも断じがたい。

v　結論

以上のとおり、都教育委員会が、青年の家利用の承認不承認にあたって男女別室宿泊の原則を考慮することは相当であるとしても、右は、異性愛者を前提とする社会的慣習であり、同性愛者の使用申込に対しては、同性愛者の特殊性、すなわち右原則をそのまま適用した場合の重大な不利益に十分配慮すべきであるのに、一般的に性的行為に及ぶ可能性があることのみを重視して、同性愛者の宿泊利用を一切拒否したものであって、その際には、一定の条件を付するなどして、より制限的でない方法により、同性愛者の利用権との調整を図ろうと検討した形跡も窺えないのである。したがって、都教育委員会の本件不承認処分は、青年の家が青少年の教育施設であることを考慮しても、同性愛者の利用権を不当に制限し、結果的、実質的に不当な差別的取扱いをしたものであり、施設利用の承認不承認を判断する際に、その裁量権の範囲を逸脱したものであって、地方自治法244条2項、都青年の家条例8条の解釈適用を誤った違法なものというべきである。

（イ）都教育委員会には過失がある

同性愛者が青年の家を宿泊利用する場合の支障等について、更に調査検討し、またその際宿泊を拒否する以外にどのような対応が可能かについてより綿密に検討すべきであるのに、これらについて十分な調査検討をする

ことなく（前記認定事実によれば、瀬川所長が、「ハイト・レポート」、「イミダス」、文部省の発行した「生徒の問題行動に関する基礎資料」等の文献から直ちに同性愛が健全な社会道徳に反し、現代社会にあっても到底是認されるものではないとの結論に達したことは認められるが、都教育委員会がいかなる文献、専門家の意見を聞いて、本件不承認処分を行うに至ったかについては、本件全証拠によるもこれをつまびらかにすることはできない）、男女別室宿泊の原則を、性的行為を行う可能性にのみ着目して、この観点から同性愛者にそのまま適用し、直ちに、本件使用申込を不承認としたものであって、都教育委員会にも、その職務を行うにつき過失があったというべきである。平成2年当時は、一般国民も行政当局も、同性愛ないし同性愛者については無関心であって、正確な知識もなかったものと考えられる。しかし、一般国民はともかくとして、都教育委員会を含む行政当局としては、その職務を行うについて、少数者である同性愛者をも視野に入れた、肌理の細かな配慮が必要であり、同性愛者の権利、利益を十分に擁護することが要請されているものというべきであって、無関心であったり知識がないということは公権力の行使に当たる者として許されないことである。このことは、現在ではもちろん、平成2年当時においても同様である。

（5）府中青年の家事件判決の意義

（ア）同性愛と同性愛者がおかれている現状について裁判所が正確な認識を示した

冒頭に「同性愛、同性愛者について」という項を設け、「同性愛は、人間が有する性的指向（sexual orientation）の一つであって、性的意識が同性に向かうものであり、異性愛とは、性的意識が異性に向かうものである。同性愛者とは、同性愛の性的指向を有する者のことであり、異性愛者とは、異性愛の性的指向を有する者のことである」と定義した。そして、心理学や精神医学において、同性愛は治療すべき「病気」「障害」とは考えなくなっていること、各種辞書や用語辞典においても同性愛を異常視する従来の傾向の見直しが行なわれていることなど、同性愛についての状況は近年急激に変化しているが、従前の状況下においては、同性愛者は孤立しがちとな

り、自分の性的指向に関し悩み苦しんでいたことがうかがわれる、と述べている。

＊「性的指向」という言葉を司法が初めて採用

（イ）男女別室原則を性的意識が向き合う者どうしを同室で宿泊させない原則として同性愛者に適用することを否定→性的少数者を想定していない制度が結果として性的少数者に不利益をもたらすという構造を裁判所が正しく理解した

（ウ）裁判所が、行政当局は社会的少数者である同性愛者の権利を十分に擁護することが要請されていると言明（前述）

（6）法整備との関係

LGBT 法連合会「性的指向および性自認等による差別の解消、ならびに差別を受けた者の支援のための法律に対する私たちの考え方」（以下「考え方」という）

8条1項　行政機関等や事業者は、性的指向や性自認を理由とする差別をしてはなりません。

S社性同一性障害者解雇事件

（東京地方裁判所 2002 年 6 月 20 日決定・労働判例 830 号 13 頁）

（1）事案の概要

Xは、生物学的性別は男性、性自認は女性であり、性同一性障害との診断を受けているS社の従業員である。XはS社からの配転の内示を機に女性の容姿で就労すること等女性として勤務することを認めてほしいとS社に申し出た（以下「本件申出」という）が、その約 20 日後にS社はXに対して女性の容姿で就労することを認めないまま配転命令（以下「本件配転命令」といいます）を発したところ、Xは本件配転命令をいったん拒否した。その後、Xは配転先に女性の容姿で出社したところ、S社はXに女性の容姿で出社しないよう求める業務命令（以下「本件業務命令」という）を発す

るとともに自宅待機を命じたが、Xは本件業務命令に反して約1カ月にわたって女性の容姿で出勤した。このため、S社はXが本件配転命令や本件業務命令に反したこと等を理由として、Xを懲戒解雇した。

（2）裁判所の判断

結論として、裁判所は本件解雇は懲戒権の濫用に当たり無効と判示している。主な理由は概ね以下のとおり。

（ア）本件配転命令違反の点について

本件配転命令は業務上の必要があり合理的な人選を経て行われたものであって、相当なものと認められ、Xは本件配転命令に一旦応じた上で、S社に対し本件申出を受け入れるように働きかけることも可能であること等から、Xによる本件配転命令違反に正当な理由はなく、懲戒処分事由に該当する。

しかし、S社がXに対し、本件申出を受けた1月22日からこれを承認しないと回答した2月14日までの間に、本件申出について何らかの対応をしたり、同回答をした際にその具体的な理由を説明したとは認められず、Xの性同一性障害に関する事情に照らすと、XがS社のこのような対応について強い不満を持ち、本件配転命令を拒否するに至ったのもそれなりの理由があるといえる。したがって、本件配転命令違反は懲戒解雇に相当するほど重大かつ悪質な企業秩序違反ではなく、本件解雇には相当性がない。

（イ）本件業務命令違反の点について

S社が、Xの行動による社内外への影響を憂慮し、当面の混乱を避けるために、Xに対して女性の容姿をして就労しないよう求めること自体は、一応理由があり、Xがそれに反したことは懲戒処分事由に該当する。

しかし、Xの性同一性障害に関する事情に照らすと、XがS社に対し、女性の容姿をして就労することを認め、これに伴う配慮をしてほしいと求めることは、相応の理由があるものといえる。

S社社員が女性の容姿をしたXに抱いた違和感及び嫌悪感は、Xの性同一性障害に関する事情を認識し理解するよう図ることにより、時間の経過も相まって緩和する余地が十分あるものといえる。また、S社の取引先や

顧客がXに抱き又は抱くおそれのある違和感及び嫌悪感については、S社の業務遂行上著しい支障を来すおそれがあるとまでは認められない。のみならず、S社は、Xに対し、本件申出を受けた1月22日からこれを承認しないと回答した2月14日までの間に、本件申出について何らかの対応をし、また、この回答をした際にその具体的理由を説明しようとしたとは認められない上、Xの性同一性障害に関する事情を理解し、本件申出に関するXの意向を反映しようとする姿勢を有していたとも認められない。そして、S社において、Xの業務内容、就労環境等について、本件申出に基づき、S社、X双方の事情を踏まえた適切な配慮をした場合においてもなお、女性の容姿をしたXを就労させることが、S社における企業秩序又は業務遂行において著しい支障を来すとは認められない。したがって、Xの本件業務命令違反は、懲戒解雇に相当するまで重大かつ悪質な企業秩序違反であると認めることはできず、本件解雇には相当性がない。

(3) S社性同一性障害者解雇事件の意義

（ア）裁判所が、Xが性同一性障害であり、「本件申出をした当時には、精神的、肉体的に女性として行動することを強く求めており、他者から男性としての行動を要求され又は女性としての行動を抑制されると、多大な精神的苦痛を被る状態にあった」と、自らの自認する性別にしたがって社会生活を送ることが個人の人格的生存にとって重要であるという趣旨の判断をしている。

（イ）その上で、本件業務命令は当面の混乱を避けるための措置として一応理由があるにすぎず、S社が「男性であるXが女性の容姿をして就労すれば、他の従業員が当該従業員に対し強い違和感や嫌悪感を抱き、職場の風紀秩序が著しく乱れる」と主張していたことに対しては、前述のように、他の従業員の抱く違和感や嫌悪感は、Xの性同一性障害に関する事情を認識し、理解するよう図ることにより緩和する余地が十分あると判示しており、また、S社の取引先や顧客がXに抱き又は抱くおそれのある違和感及び嫌悪感については、S社の業務遂行上著しい支障を来すおそれがあるとまではいえないと判示している。すなわち、Xが女性の容姿で就労す

ることの重要性を踏まえた上で、女性の容姿で就労することが企業秩序や業務遂行に著しい支障を来すとはいえないとして、S社に対して、他の従業員がXの性同一性障害に関する事情を理解するよう図ることを求めており、今後の同種事例の参考になる。

(4) 法整備との関係
「考え方」8条3項

　行政機関等や事業者は、その事務や事業を行うに当たって、性的指向や性自認を理由として困難を抱えた人から、実際に社会的障壁の除去を必要している旨の意思の表明があった場合や、社会的障壁の除去が必要であると事前に判断される場合に、その実施に伴う負担が過重でないときは、性的指向や性自認を理由とする困難を抱えている人の権利利益を侵害することにならないように、社会的障壁の除去の実施について必要かつ合理的な配慮をしなければなりません。

経産省性同一性障害者職場処遇事件 (係争中)

(1) 事案の概要

　Xは40代の経済産業省（以下「経産省」という）職員である。Xは戸籍上の性別は男性であるが、性自認は女性であり、男性として入省後の1998年頃、性同　性障害との診断を受けた。その後、Xは職場では男性としての勤務を続けながら、女性ホルモンの投与や女性の容姿に近づけるための手術を重ね、プライベートな生活では女性として過ごすようになり、女性として社会生活を送る経験を慎重に積み重ねた後、2009年7月頃に経産省に対して女性として勤務したいと申し入れた。

　Xと経産省は約1年間話し合いを重ねた後、経産省側の要請によって所属部署の職員に対する説明会が行われ、Xは2010年7月頃から女性としての勤務を開始した。経産省は、女性の身なりで勤務することや女性用休憩室、更衣室の使用、乳がんの予防検診の受診等を許可したが、女性用ト

イレについては当面の間、Ｘが勤務するフロアから２階以上離れたフロアのトイレを使用するよう条件を付した（当時は障害者用トイレが工事中であった）。経産省は、他の女性職員複数名からＸと同じ女性用トイレを使用することについて「違和感がある」という意見があったと主張している。

その後のＸと経産省との協議の過程で、経産省は、Ｘが性別適合手術を受けて戸籍上の性別変更手続をしないのであれば、今後の異動先において、Ｘが性同一性障害を有し、戸籍上の性別が男性であることの説明会を開いて同僚の理解を得ること、説明会を行わないのであれば、女性用トイレの使用は認めず、障害者用トイレを使用すること、という異動に際しての条件を示した。Ｘは、このような異動条件を撤回するよう経産省と話し合いを続けたが、異動条件の撤回はなされなかった。そのため、Ｘは現在も同じ部署で勤務し、２階以上離れたフロアの女性用トイレを使用している。また、経産省が上記処遇をあらためず、また、上記協議の過程における経産省管理職の「なかなか手術を受けないんだったら、もう男に戻ってはどうか」等といった発言によって、Ｘは精神的に追い詰められて抑うつ状態となり、2013年２月から約１年２カ月の間、休職を余儀なくされた。

このような処遇を改善するよう、Ｘは2013年12月に人事院に対して行政措置要求を行ったが、同院の判定はＸの要求を退ける内容であったため、Ｘはこの判定の取り消しを求めて2015年11月13日に行政措置要求判定取消請求訴訟を提起するとともに、上記処遇や経産省管理職の発言が安全配慮義務違反や人格権侵害に該当するとして国家賠償請求訴訟を提起した。

なお、Ｘは健康上の理由から性別適合手術を受けられず、戸籍上の性別変更手続ができないまま現在に至っている。

(2) 法的問題点
（ア）性自認は個人の人格の核をなす

人は誰もが、自らの性別を男性として認識するのか、女性として認識するのか等という性自認を有しており、性自認は個人の人格の核をなす重要な構成要素であって、その人のアイデンティティの核をなしている。そし

て、人は性自認にしたがって、男性として、あるいは女性として社会において生活している。自認する性別で社会生活を送ることは人格的生存に不可欠な利益である（憲法13条参照）。

（イ）性自認尊重の必要性は戸籍上の性別変更の有無に関わらない

性同一性障害者の性別の取扱いの特例に関する法律（以下「特例法」という）に基づいて戸籍上の性別を変更するためには、性別適合手術が必要である。しかしながら、性同一性障害を有する者のなかには、性別適合手術を希望する者も、そうでない者もいる。また、Xのように健康上の理由で手術を受けることができない者もいる。そもそも、性別適合手術は身体的な負担・リスクも非常に大きく、不可逆であるから、極めて重大な人生の決定事項であり、その人の意思が尊重されなければならない。したがって、特例法に基づく戸籍上の性別変更の制度がすべての問題を解決するわけではない。性別適合手術を受けるかどうか、戸籍上の性別変更をしているかどうかに関わらず、自認する性別で生活することは人格的生存にとって不可欠な権利である。

（ウ）プライバシー

Xは既に6年余の間女性としての職場生活を送り、周囲もXを女性として接している。Xの戸籍上の性別が男性であることは、他人に知られたくないプライバシーである。それにも関わらず、異動先で説明をして、同僚の理解を得なければ女性用トイレを使用できないとする合理的理由はない。また、いつも女性用トイレではなく障害者用トイレを使用していれば、それ自体によってXが性同一性障害を有することの露見につながりうる。

（エ）同僚の女性の利益？

Xが2010年7月に女性の容姿で勤務するようになって以降、Xの性別をめぐって職場の内外で混乱が起きたことはない。2階以上離れたフロアの女性用トイレ使用についても何の問題も生じていない。仮に女性用トイレをXと一緒に使うことについて同僚の女性職員が違和感を表明したとしても、まずは当該女性職員に対して性同一性障害とは何か、自認する性別で生きたいという要求の切実さ等について説明し、理解を求めることによって違和感が解消する可能性も十分にある。しかし、本件において経産

省は違和感を表明したという女性職員に対して何らかの働きかけを行った形跡がない。

　また、そもそも「同僚の女性職員の違和感」が性自認に基づく女性用トイレを使用する権利を制約してまで守るべき正当な利益とはいえない。

（3）法整備との関係
「考え方」8条3項

　行政機関等や事業者は、その事務や事業を行うに当たって、性的指向や性自認を理由として困難を抱えた人から、実際に社会的障壁の除去を必要している旨の意思の表明があった場合や、社会的障壁の除去が必要であると事前に判断される場合に、その実施に伴う負担が過重でないときは、性的指向や性自認を理由とする困難を抱えている人の権利利益を侵害することにならないように、社会的障壁の除去の実施について必要かつ合理的な配慮をしなければなりません。

日本人同性パートナーを有する外国人の在留資格訴訟

（1）事案の概要

　Aは台湾出身の外国人で現在40代の男性である。Bは日本人で現在50代の男性である。二人は約24年間同居を続ける同性カップルであるが、Aは既に在留期限を徒過しておりオーバーステイの状態にあるため、日本政府はAに対して退去強制処分を下した。このままでは、Aは台湾への帰国を余儀なくされてしまう。そこで、Aは退去強制処分等の取り消しを求めて、現在東京地方裁判所に訴訟を提起した。それが本件事案である。

（2）退去強制処分に至るまでの事実経過

　Aは10代の頃に自分の性的指向が同性愛であると気づいた。当時の台湾では同性愛に対する偏見が強く、多くの同性愛者と同様、Aも悩み苦しんだと聞く。Aは軍隊に徴兵されたが、同性愛を理由として除隊されて

もいる。そんななかで、Aは日本で働きたいと志し、1992年9月に日本語学校に入学するために「留学・1年」の在留資格で入国した。その後、1993年9月に一旦出国し、1993年10月に「短期滞在・3カ月」の在留資格で日本語能力試験受験のため入国したのだが、その翌月、東京でBと出会い交際を開始する。二人は急速に惹かれ合い、Aが1994年1月に再度「短期滞在・3カ月」の在留期間で入国して間もなく、AとBは同居を開始した。同年4月の在留期限を迎えAは悩んだが、好きになったBと別れがたく、やむなく日本に留まることとなった。

生活のため、二人は日雇いなど各種就労を継続した。1995年頃にAはHIV陽性と診断されたが、そのときもBはAを見放さなかった。オーバーステイなので健康保険もなく、満足な治療が受けられないAの病状は2004年頃に極めて悪化したが、HIV陽性者支援団体や医師の支援でなんとか抗HIV薬を入手し、免疫機能を回復した。Aの病状が悪化した際も、BがAを献身的に支えた。その後、2007年頃、今度はBが仕事を辞め抑うつ状態になって、しばらく失業状態が継続したが、このときはAがBを経済的に支えた。

このように、二人はお互いを支え合いながらひっそりと暮らしていたが、Aがオーバーステイであるという不安定な状態は変わらない。そこで、AとBはHIV陽性者支援団体や医師に励まされ、2013年10月頃弁護士に相談し、悩んだ末、入管へ出頭して、在留特別許可（後述）を得ることができないかトライすることとした。

入管は出頭後仮放免中の就労を禁止している。そこで、AとBは生活を切り詰め、爪に火をともすようにして、出頭後の二人の生活費を少しずつ貯金していたのだが、そうした矢先に、2016年6月、Aは運悪く職務質問を受けオーバーステイで逮捕されてしまった。Aは入管に在留特別許可を求めたが、同年11月、入管は在留特別許可を出さず、退去強制令書の発付処分等を下したため、2017年3月24日、退去強制令書発付処分の取消等を国に対し求めて提訴した次第である。

（3）法的問題点

（ア）在留特別許可とは

外国人（日本国籍を有しない者）が適法に在留するには在留資格が必要であるが、当該外国人に在留資格がなくオーバーステイになっていても「法務大臣が特別に在留を許可すべき事情があると認めるとき」には、法務大臣はその者の在留を特別に許可することができる、と規定されている（出入国管理及び難民認定法50条4号）。

　一旦下された在留特別許可を付与しないとの判断を取り消すのはなかなか容易ではない。在留特別許可をするかどうかは法務大臣の裁量であり、法務大臣の在留特別許可を付与しないとの判断は、重要な事実の誤認や、事実に対する評価が明白に合理性を欠く等の場合に限り、裁量権の逸脱・濫用があるものとして違法となる、というのが裁判所の考え方である。

（イ）同性カップルと異性カップルの不平等

　たしかにAはオーバーステイであり、オーバーステイは違法である。しかし、もし異性カップルであれば、オーバーステイになる前に結婚して、当該外国人は「日本人の配偶者等」という安定した在留資格を得ることができる。しかし、日本では同性間の婚姻は認められていないから、在留期限の1994年4月の時点で、AにはBと結婚するという選択肢が与えられていなかった。また、オーバーステイになった後であっても、異性カップルであれば、結婚することによって、当該外国人が在留特別許可を付与されるケースが非常に多い。

　法務省が発表している「在留特別許可に係るガイドライン」においては、在留特別許可の許否の判断にあたって「当該外国人が、日本人と婚姻が法的に成立している場合であって、夫婦として相当期間共同生活をし、相互に協力して扶助していること、夫婦の間に子がいるなど、婚姻が安定かつ成熟していること」を考慮すべき積極要素と明記し、同じく法務省が発表している「在留特別許可された事例及び在留特別許可されなかった事例について」には、子のいないケースを含めて、日本人と結婚した外国人に在留特別許可が付与されているケースが多数掲載されている。

　異性カップルであれ、同性カップルであれ、愛し合いお互いに助け合っ

て生活している二人が、これからも一緒に暮らしていきたいという思いは同じである。それにも関わらず、日本人異性パートナーを有する外国人には在留資格が認められ、日本人同性パートナーを有する外国人には在留資格が認められないことは、家族形成権を保障していると解される憲法13条及び平等権を定める憲法14条に照らしても許されることではなく、法務大臣の在留特別許可を付与しないとの判断は、裁量権の逸脱・濫用があるものとして違法である。

（4）法整備との関係
・日本人同性パートナーを有する外国人についての在留資格の創設
・婚姻の平等（同性間の婚姻を認める内容に民法を改正）

第 2 部　日本の SOGI はいま

教育の現場から　大学の場合
津田塾大学　明治大学
国際基督教大学　国立大学

津田塾大学　　　　学長　髙橋 裕子

津田梅子の生き方

　津田梅子は初の官費女子留学生の一人として、6歳でアメリカに渡り、11年間を過ごしました。2度目の留学は官立（国立）の華族女学校の教授として勤務していたときです。生物学を専攻するのですが、当時このような理系分野を華族女学校の教授が学ぶこと自体、推奨されていませんでした。その当時、どのような分野を学ぶか、性別によって異なる期待がされていたわけです。そこで、津田梅子は教授法を学んでくるといって、実際に教授法も学びましたが、「女性の分野」をはみ出す生物学を勉強してきたのです。

　しかも、当時、日本の女性たちは高等教育を受けること自体、認められていませんでした。それを何とかしたい、と思った津田梅子は留学中、フィラデルフィア近郊の女性たちに募金活動をお願いして、奨学金制度をつくります。目標額の 8000 ドルを集め、その利子で 4 年に 1 人、日本から女子学生をブリンマー・カレッジ等で学ばせることを可能にしました。アメリカで学ぶことができた 25 人の留学生たちのなかから、同志社女子大学の校長になったり、恵泉女学園を創立したり、といった人物が輩出されました。

〈教育の現場から〉 大学の場合

建学の精神にある個を尊重するという考え方

津田梅子は官立の学校を辞して、自身の教育理念にあった女子英学塾を1900年に創立しました。開校式の式辞で「真の教育は、生徒の個性に従って別々の取扱いをしなければなりません。人々の心や気質は、その顔の違うように違っています。従ってその教授や訓練は、一人々々の特質に、しっくりあてはまるように仕向けなくてはなりません。」(津田塾大学『津田梅子文書』改訂版、2頁より)と述べています。一人ひとりの違いを重視して個性という言葉を使い、「しっくりあてはまる」ような教育を少人数で提供するということが、建学の精神のなかにおり込まれていました。女性らしい女性であっても、「男子の学び得る程度の実力を養うこと」(同上4頁)は可能なのだと、これに続けて述べています。1900年という時代にそのように述べるのは、非常に大きなチャレンジでした。

「Tsuda Vision 2030」

私たちは本学の118年間の歴史を振り返り、昨年度、「Tsuda vision 2030」を策定しました。

モットーは、「変革を担う、女性であること」です。私たちの卒業生はさまざまな形で日本の社会のなかで、あるいは世界のなかで変革を担うような役割を果たしてきました。これをぜひ継続していこうと、変革を担う女性であること、「make a difference」することに非常に大きな価値を置いています。

ミッションステートメントとして、「弱さを、気づきに。」「強さを、分かち合う力に。」「不安を、勇気に。」「逆境を、創造を灯す光に。」と謳い上げています。津田梅子やその後に続いた卒業生は、過小評価されていた女性や障害をもった方々など、社会的に弱い立場に置かれた人たちをエンパワーしてきました。それが本学の重要なミッションなのです。

ダイバーシティとは何か —— 女子大学だからできること

女子大学というと女子学生だけを集めて、モノカルチャーではないかと思われがちですが、ダイバーシティというのは多様性を引き受けていくこ

とです。本学には、全国さまざまなところから、経済的・文化的背景もさまざまな学生たちが、それぞれ違った目標、高い志を掲げてやってきます。大きな夢を語り合っても、仲間が白けることはありません。また、リーダーシップというのは必ずしもトップに立つことではありません。さまざまな立ち位置で牽引する力を発揮できるよう、学生を4年間かけて訓練します。互いの違いをそれぞれ理解しつつ、生涯学んでいくこと、互いに学び合うことの重要性を確認して卒業していくのです。

本学に在籍してよかったことの一つは「高い志をもった仲間と出会えたこと」と多くの卒業生が語っております。それぞれが違った目標に向かって努力していること、研鑽を積んでいることを認め合うことができる文化が学内にあったことがよかったと述べています。

過小評価されてきた集団である女性たち。「ジェンダーギャップ指数2017」においては144カ国中114位と世界と比べて低迷している日本の女性たち。その現状を変革していく積み重ねが、私たちの118年の歴史だといえます。「変革」という言葉は私たちの大学のキーワード。学生たちもそのことをしっかりと意識し、「違いは認める。いっしょに変革していきましょう」という文化を持っているのが津田塾大学なのです。

明治大学　　学長　土屋 恵一郎

私は明治大学学長としてここで発言すると同時に、私自身がこれまで関わってきた研究の一端をご披露しながら話を進めていきたいと思います。

デビッド・ホックニーの事件から

私自身が「ホモセクシュアリティ」について雑誌に論文を発表したのは、いまから30年前のことです。当時はまだ「LGBT」という言葉は使われていませんでした。

〈教育の現場から〉　大学の場合

　1988 年に何があったのか。当時のイギリスはサッチャー政権下でした。地方自治体条例 29 条という有名な法律をつくり、イギリスの図書館や美術館など公共の場所でホモセクシュアリティを「助長」するような催し物や展示等を禁止するという、極めて露骨な同性愛差別法でした。これに抗議をして、イギリスのアーティストであるデビッド・ホックニーが当時テート・ギャラリーで開催予定の大回顧展をキャンセルする事件がありました。そのキャンセルをめぐってデビッド・ホックニーがサンデー・タイムスの編集部宛に書いた手紙は、私には興味深いものでした。ホックニーは、何にでも手を出してくるイギリス政府を「ナニー・イングランド」(Nanny England) と言い、乳母（Nanny）のイングランドがあらゆる問題について口を出してくるならば、もはやイギリスに留まる理由はないと、カリフォルニアに移ってしまうわけです。

　その当時 queer art といいますか、同性愛を真正面から取り上げたアートが話題になりました。ホックニーは人気のある芸術家でしたので、例えばコベントガーデンのロイヤルオペラハウスの後ろにホックニーのプールの絵が描かれていて、その前でダンサーがダンスを踊るということもあり、非常にポピュラーな芸術家でした。そのホックニーが同性愛をめぐってはっきり意思表示をしてイギリスを離れる決断をしたことが当時は大きな話題を呼んだのです。

ベンサム派の力

　昨年、テート・ギャラリーで、1861 年から 1967 年までの「クイア・ブリティッシュアート展」が開かれました。約 30 年前、デビッド・ホックニーがキャンセルをしたテート・ギャラリーで「クイア・ブリティッシュアート展」が開かれたことをみて、時代の変化を強く感じました。

　1861 年は、同性愛犯罪法のなかから、死刑の規定が取り除かれた年です。その前までは同性愛者の最高刑は死刑でした。それ以前の 16 世紀までは火炙りでした。それまで非常に露骨な同性愛の迫害が行われていたのに対して、1861 年にはやっと死刑だけはなくなったのです。実際に合法化されるのが1967 年です。その間の約100 年間を回顧した展覧会だったのです。

1861 年に死刑が同性愛犯罪から削除されたプロセスで一番大きな役割を果たしたのは、イギリスのジェレミ・ベンサムを中心とするベンサム派の政治家や活動家たちでした。

これは私の研究課題なのですが、ベンサムは実は 18 世紀の後半から 19 世紀の初めにかけて、ほぼ生涯にわたって同性愛擁護論を書き続けていました。当時、同性愛は犯罪でしたので、これを発表するとスキャンダルに覆われることを恐れ、ベンサムは発表できなかったのです。発表されたのは 20 世紀に入ってからです。

最初は、同性愛擁護論であることはひた隠しにして、「趣味に反する犯罪」というタイトルで発表されました。本当に発表されたのは 1970 年代に入ってからです。『ジャーナル・オブ・ホモセクシュアリティ』という雑誌に、イギリス文学研究者のルイ・クロンプトンが「ギリシャ的愛と文学」というタイトルでバイロン論を書いています。バイロン論のなかの第一章だけで、ベンサムの同性愛擁護論をほぼ完璧に復元する作業をしたのです。これはとても面白くて、バイロン論なのだけれども実際内容はベンサムの同性愛擁護論を紹介することに充てられていたのです。

そのことの 1 つの意味は、ジェレミ・ベンサムやイギリスの社会思想史研究家がこの問題をまともに取り扱おうといっさいしてこなかったということです。まったく違う領域の人がこの問題について論文を発表して、その専門家はいっさいこれを無視したのです。私もそれについて『独身者の思想史』（岩波書店、1993 年）という本を書きましたが、そのときにはベンサム研究者からはいっさい無視され、その問題は存在していないかのように扱われました。まったく違う領域の人がこの問題に敏感に反応をして、手紙をくれて面白いと言ってくれました。実際の研究者自身はこのことを無視してきたのです。

クイア・アートにしても、クイアに関わるさまざまな言葉にしても、発表して、当然のように日常のなかにあるのが大事だと思っています。

MEIJI ALLY WEEK の試み

そういう背景を持ちながら私は、明治大学情報コミュニケーション学

〈教育の現場から〉 大学の場合

部ジェンダーセンターのさまざまな試みを、支援し応援する立場にいます。とりわけ MEIJI ALLY WEEK の試みはとても面白く、ファッションショーや小さな規模で語り合う場所をつくってきました。明治大学の日常のなかでクイアの主張、SOGI の主張をきちんと出していくことを続けたいと思っています。ファッションショーのなかでは、FtM 用のマタニティドレスをつくったり、かなり挑発的な表現をしました。

私は表現というレベルで、クイアが前面に出てくるべきだと思います。それは社会的な可視化ということとも関係してくると思うのですが、きちんと見つめられていくクイア・アートを応援していきたいと思います。

また、出席簿から性別を示すM、Fというアイデンティティ表示をなくすとか、トイレをどうするかという問題についても考えています。2018年から2つのキャンパスで建設計画が進められていますので、新しい建物の建設計画のなかに SOGI の主張を入れるように LGBT の人にアドバイザーとして加わってもらい、つくっていきたいと思います。

国際基督教大学　　学長　日比谷 潤子

世界人権宣言にのっとって

国際基督教大学（ICU）は 1953 年に最初の学生を受け入れ、いま 65 歳になったところです。本書で紹介されている私立大学3校のなかでは唯一、第二次世界大戦後にできた大学です。このことは大学として大きな意味を持っていると思います。

1948 年に世界人権宣言が国連で採択されました。大学をつくるときに、大学の最も基礎となる理念として世界人権宣言を重んじることを決めました。もう一つの柱はキリスト教の精神です。一期生が入ったときから現在まで入学式で「学生宣誓」をしています。

「私は、国際基督教大学の学生として　大学の目的と理想との実現のた

めに　世界人権宣言の原則にたち　法を尊び　学則ならびに指示に従うことを　入学にさいし　ここに厳粛に宣誓します」。この文言は65年の歴史のなかで少しずつ変わってきています。新入生を対象にして、5月の半ばに1泊2日で「新入生リトリート」というオリエンテーションがあります。そのときにも、学生宣誓の変遷をみんなで勉強します。少しずつ変わってきてはいますが、世界人権宣言の原則に立つということは変わっていません。これに入学式で一人ひとり署名をして前に集めて、別室で中継を見ている保護者なりご家族も全員立ってこの宣誓を受け取るということをしています。私ども教員も入職のさいには「教員宣誓」というもので、若干文言は違いますけれども、世界人権宣言に従ってその原則に立って教員生活を送ることを誓約しています。

　ですから、ICUは最初からLGBTを人権問題として捉え、いろいろな活動が始まったのです。私は2002年にほかの大学からICUに移りましたので、1998年に「ICUセクシュアルハラスメント等人権侵害対策綱領」ができたときにはICUにおりませんでした。現在は名前が変わり、「国際基督教大学人権侵害防止対策基本方針」となっています。ここに謳っていることの大きな柱は「人権侵害のない教育・研究・就労環境の整備」「構成員が安心して過ごせるキャンパスの確保」です。

　体制としては、人権委員会がつくられています。これは学務副学長が委員長をして、学生部長、事務局長、人権相談員代表がメンバーになり、専門の弁護士の先生を外部からアドバイザーとしてお願いして人権委員会を開いています。私が学長になったのは2012年ですが、その前4年間は副学長をしていましたので、そのときはこの人権委員会の委員長をしていました。

　2004年にジェンダー研究センターが、8つある研究所、研究センターの1つとして発足しました。発足の後、2005年からジェンダー・セクシュアリティ研究がメジャーの1つとなりました。当時は学科間専攻と呼んでいましたが、2008年にいまのメジャー制度に変わってからは、例えば物理学を専攻するとか国際関係論を専攻するとか文学を専攻することと同列に置かれたのです。ジェンダー研究センターはもちろん研究もしますが、ほ

かの研究所が研究に特化しているのに比べると、さまざまな学生にコミュニティスペースを提供したり、性同一性障害の学生の学籍簿の氏名・性別記載の変更や、健康診断を個別に受診できるなどの活動、相談に乗ったり、働きかけをするようなことをしています。ジェンダー・セクシュアリティ特別相談窓口も最近設置されました。

その多くは学生からの声を実現したものです。私が大変よく覚えているのは、卒業式で着用するガウンについてです。修士と博士はガウンの上に決まった色のフードというひらひらとしたものを付けるのです。それは専攻によって色は違いますが、形はみな同じです。しかしなぜか学士号を取得する学部卒業生だけは、女子学生が着用するものには白い襟がついていました。これをぜひとも取ってほしいといわれて、やめることにしました。これが一番最近学生からの要望に対応したことの1つです。

人権侵害のない大学を目指して── 学長宣言

2017年3月に学長宣言「人権侵害のない大学を目指して」を出しました。この時期にこの学長声明を出したことのきっかけは、一橋大学で大変に不幸な事例があったこともあります。大学としては入学者選抜の制度を変えて、いままでよりはるかに多くの国や地域から学生を受け入れるような選抜制度をつくり、その結果、キリスト教の大学ではありますがイスラム教徒の学生がかなり入ることになりました。2017年4月に新しい寮が2棟できたのですが、寮のなかで人種差別はもちろんSOGIに関するさまざまな差別もあってはならないということで、キャンパスのなかで包括的に人権侵害をなくしましょうということで、この学長宣言を出しました。

最初に世界人権宣言の原則に立ってということを申し上げたのですが、その第一条は「すべての人間は、生れながらにして自由であり、かつ、尊厳と権利とについて平等である。人間は、理性と良心とを授けられており、互いに同胞の精神をもって行動しなければならない」です。ここに「すべての人間は」と書かれているのですが、今日話題にしていることで私が一番重要だと考えていることは、「すべての人間」とは誰かです。「すべての人間」といいながら、これをつくった人も本当に「すべての人間」のこと

を考えていたのか、本当にみんな平等だと思っていたのかとよく思います。そして「互いに同胞の精神をもって」と書いてありますが、これも自分にとって居心地のいい人や、自分と同じ指向を持っている人は同胞だけれど、そうでない人は違うということではいけない。これが人権宣言がいっていることです。

　入学式の学生宣誓で世界人権宣言の原則に立って生活をすると誓う段階では、なかなかそこまで理解はできていないと思いますが、学生が宣誓をしているのはそういうことだと思います。まだまだ行き届かないところはたくさんありますが、みんなが共有できるキャンパスにしていきたいと思っています。

国立大学	林 夏生	富山大学人文学部准教授 LGBT 法連合会共同代表

86 国立大学のうち 30 超が、ハラスメント防止に関する規則・指針等のなかで SOGI に言及

　国立大学法人（以下、国立大学）における現状を把握するため、全国の国立大学が公式ウェブサイト上において一般に閲覧可能な状態で公開している規則・規程・指針・ガイドライン・宣言およびこれらに類する文書に注目し、そのなかに「SOGI に関する文言」（性的指向、性自認、性同一性、ジェンダー・アイデンティティ、性的少数者、セクシュアル・マイノリティ、LGBT 等の語）がどのように含まれているか、2018 年 4 月 1 日時点で調べてみました。

　その結果、SOGI に関する文言を含む文書は、3 つの群に大別できることがわかりました。これを、それぞれに該当する文書を有していた大学の数とあわせて示すと、次のようになります。

　第 1 群：ハラスメント等の防止等に関する規則・規程……86 大学中 5 大学

〈教育の現場から〉　大学の場合

第2群：ハラスメント等の防止等に関する、第1群以外の文書（指針、ガイドライン等）……86大学中26大学

第3群：ハラスメント等の防止等とは異なる文脈で、SOGIの多様性やその尊重について言及している文書……86大学中5大学

第1群は、各大学で働く人々が守らなければいけないルールの一部として、ハラスメントや人権侵害の防止等に関し設けられた「規則・規程」です。このなかには、SOGIに関する不適切な言動を「セクシュアル・ハラスメント」の定義のなかに位置付けているものと、「人権侵害」の定義のなかに位置付けているものが含まれています。

例1「国立大学法人東京工業大学におけるハラスメントの防止等に関する規則」

第2条 五 セクシュアル・ハラスメント（相手を不快にさせる性的な言動（性別による役割を分担すべきとする意識に基づく言動及び性的指向又は性自認を理由とする不適切な言動を含む。））

例2「大阪教育大学人権侵害防止等に関する規程」

第2条 ⑴「人権侵害」とは、性別、性的指向及び性自認、年齢、身分、出身地、国籍、民族の違い、障がいの有無などに基づく差別的な言動及び差別的扱い並びに相手を不快にさせる言動等、相手の人格権その他の権利を侵害する行為をいう。

第2群は、それ自体は規則・規程と名付けられていないものの、大学が規則・規程のなかで防止を呼びかける「ハラスメント等」には具体的にどのような言動が該当するのか、またそれらを防止するためには何に留意すべきか等を説明する文書で、「指針」や「ガイドライン」等として定められているものです。

例3「国立大学法人金沢大学ハラスメントの防止・対策に関する指針」

3ハラスメントの具体例

⑴セクシュアル・ハラスメント

2）相手の意に反する性的な言動を行うことにより、就労、修学、教育、

第2部　日本のSOGIはいま

研究又は課外活動を行う環境を害するもの

　チ　人格を傷つけかねない性的表現をしたり、性の多様性に対する配慮を欠いたり、性的指向又は性自認に関する差別的な言動を行うこと。

　（イ）特定の個人又は集団の性に関する風評を流したり、本人の許可なく他言すること。

　（ロ）肉体的外観、性行動、性的好み等に関する不適切な表現をすること。

　例4「国立大学法人お茶の水女子大学ハラスメント等人権侵害防止ガイドライン」

　その他の人権侵害とは、性、人種、国籍、信条、年齢、セクシュアリティ（性的指向）、障害の有無などに基づく差別的な言動及び差別的取扱い等、相手の人格権その他の人権を侵害する言動を行うことをいう。

　規則・規程とは別に「指針」を定め、そのなかで具体的な定義等を行う、という方法をとる国立大学が多いのは、「人事院規則10−10（セクシュアル・ハラスメントの防止等）」の影響によるものと考えられます。人事院規則10−10が設けられたのは1998年のことであり、多くの国立大学がこれに従って各大学におけるセクシュアル・ハラスメント関連の取り組みを行ってきました。その後、2004年（平成16年）以降の法人化に伴い、国立大学等の教職員が非公務員化され、人事院規則が対象とする国家公務員ではなくなりましたが、各国立大学が就業規則等を定める際にその雛形として人事院規則が参照されたことで、結果として構造や内容・表現等において親和性が高い状態が保たれています。

　その人事院が「人事院規則10−10（セクシュアルハラスメントの防止等）の運用についての一部改正」について発出し、第2条にいうセクシュアル・ハラスメントに「性的指向若しくは性自認に関する偏見に基づく言動」が含まれることを明らかにしたのは、2016年12月1日のことです（施行は2017年1月から）。同時に、第6条に基づく指針も改正され、その例示に「性的指向や性自認をからかいやいじめの対象とすること」が含まれました。

　人事院規則10−10（セクシュアル・ハラスメントの防止等）の

115

〈教育の現場から〉　大学の場合

運用について
最終改正：平成 28 年 12 月 1 日職－272

第 2 条関係

3　この条の第 1 号の「性的な言動」とは、性的な関心や欲求に基づく言動をいい、性別により役割を分担すべきとする意識又は性的指向若しくは性自認に関する偏見に基づく言動も含まれる。

　今回の調査を通して、この改正から今回の調査までは 1 年数カ月しか経っていないにもかかわらず、特に国立大学が持つ第 2 群の文書においては、構造や表現等という点でこの改正と一致する部分が多い、ということが確認できました。人事院規則 10 － 10 の改正が「SOGI に関する不適切な言動が、防止すべきハラスメント等に含まれる」という認識の共有を国立大学の間で推進する重要な契機のひとつとなったならば、それはこの領域において「政府レベルでの制度的な取り組み」がいまだ大きな影響力を持つことの証左であるといえるでしょう。

次の課題は「大学間の／社会との連携」、そして「多様性の肯定」

　第 1 群・第 2 群はともに、「SOGI に関する不適切な言動の防止」、いわば「べからず」の文脈における言及でした。私立大学の場合、建学の精神等にのっとって「多様性を積極的に尊重すべし」という肯定的な宣言や指針を持っている例があることについては、すでに本書でも報告されてきた通りです。国立大学でも、いくつもの大学で肯定的な発信をめざす試みが始められつつありますが、実際に文書（今回の調査では第 3 群に分類）として作成され周知されている例は、筑波大学の「LGBT 等に関する筑波大学の基本理念と対応ガイドライン」など、まだ少数にとどまっています。

　今後は、国立大・公立大・私立大といった垣根をとりはらい、互いに積極的に情報や議論を共有することで、日本の大学コミュニティ全体としての取り組みを前に進めていく必要が高まっていくことでしょう。多様な大学から関係者が集まり大学間のネットワークを構築できる場をどうやって設けていくのか、そして大学をとりまく社会に対してもどのように働きか

けていくのか、多くの皆様のご協力のもと、持続的な検討を始められればありがたいと考えています。

大学とアウティング問題　　松岡 宗嗣　｜　一般社団法人 fair 代表

　2018 年 3 月に明治大学法学部政治経済学部を卒業して、一般社団法人 fair を立ち上げ代表をしています。ゲイの当事者として、LGBT や SOGI に関する情報を発信しています。

一橋大学でのアウティング事件から

　性的指向・性自認に関する困りごとは、大学生活のなかでもさまざまあるのですが、アウティングについて言及させていただきます。

　アウティングという言葉は多くの方がご存じだと思いますが、本人の性的指向や性自認を本人の同意なく第三者が勝手に暴露してしまうことです。この言葉が知られるようになったきっかけは、2015 年 8 月に一橋大学大学院に通っていたゲイの大学院生が、アウティングを理由に転落死してしまった事件で、その翌年行われた裁判が広く報道されたことだと思います。事件の 2 年後の 2017 年に私がアウティングに関する簡単な解説を図にまとめたものが 118 - 119 頁です。

　なぜアウティングがいけないことなのか。アウティングは、その人の居場所を奪ってしまったり、プライバシーの侵害につながってしまう可能性があるからだと考えています。例えば、学校で友人にカミングアウトをしたら、その友人がクラス中に自分のセクシュアリティをいいふらしてしまい、いじめが始まったという事例があります。カミングアウトした相手がたとえ善意で第三者に伝えたとしても、その先にいる人に 100% 理解があるかは誰にもわからない。そのような状況だと、アウティングによって当事者は居場所を奪われてしまう可能性があります。

　私自身がゲイであるとカミングアウトしたのは、高校を卒業後で、まず

〈教育の現場から〉 大学の場合

解説 アウティング

Q. アウティングとは？
A. 本人の承諾なく、その人のセクシュアリティを第三者に暴露してしまうこと。

例えば「○○はゲイなんだって」と周囲に言いふらしたり、LINEやTwitterなどのSNS上で誰かに言いふらすことをアウティングと言います。

※自分で自分のセクシュアリティを誰かに明かすことは「カミングアウト」
自分ではない誰かが勝手に言いふらすことが「アウティング」です。

Q. なぜアウティングをしてはいけないの？
A. その人の居場所を奪ってしまったりプライバシーの侵害につながる可能性があるから

「友達にカミングアウトした翌日、学校に行くとクラス全員にセクシュアリティを暴露されていた。そこからいじめが始まり、学校へ通えなくなった。」というように、カミングアウトした相手に悪気があってもなくても、アウティングによってLGBTは居場所を奪われてしまうことがあります。家を追い出されたり、友達の縁を切られたり、職場に居づらくなることもあるのです。

こういったことが起きてしまう背景には、まだまだLGBTに対する差別や偏見があり、セクシュアリティがバレてしまうことで、周りから「普通じゃない」という烙印を押されてしまう社会があります。

って何?

Q. カミングアウトされたら?
A.「誰に伝えているのか」
　　「誰かに伝えて良いのか」を聞いてみてください

カミングアウトはとても勇気がいることです。それと同時に相手を信頼している証でもあります。ぜひ肯定的に受け止めてください。
「ただ知っておいてほしい」など、カミングアウトする理由はひとそれぞれ。誰にカミングアウトしているのか、誰にまでだったら伝えても良いのかを確認しましょう。

困ったら自分だけで抱え込まず相談しましょう

▶ アウティングされて困った

アウティングをされてその環境にいることが困難になってしまった等、辛い時は我慢せず、以下の電話相談等に連絡をしてください。
※当事者間のアウティングによるトラブルも存在します。まずは相談してみてください。

▶ カミングアウトされて困った

突然カミングアウトされて困惑してしまうこともあると思います。身近に信頼できる相談相手がいれば、本人の情報を明かさないように注意しながら相談してみましょう。相談する人がいない場合でも、自分だけで抱え込まず以下の電話相談に連絡してください。

<u>アウティングによる加害者も被害者も生み出さないために、知識と意識を持ってどんなセクシュアリティでも安心して過ごせる社会を作っていきましょう。</u>

 よりそいホットライン　0120-279-338

全国から24時間365日通話可能
4番がセクシュアルマイノリティ専門の相談窓口になっています

他にも、自治体やLGBT関連の活動団体が独自に電話相談を実施していることもあります。
「LGBT　電話相談」や「LGBT　地名」などで検索してみてください。

©2017 Soshi Matsuoka

〈教育の現場から〉　大学の場合

中学と高校時代の友人にカミングアウトをしました。大学入学後のある時、地元の幼なじみから「松岡がゲイであるという噂が出回っている」と連絡をもらいました。その幼なじみには、すでに私がゲイだということを伝えており、不安に思って心配の声をかけてくれたのです。

　成人式のとき、私は地元の中学校の同窓会の司会を担当したのですが、「お前ガチでホモかよ、俺のことは掘るなよ」といわれたこともありました。私としてはオープンにしていたのである程度こうした言動は予想できていましたし、かつては「ホモネタ」を自ら使って笑いを取っていたこともあったので、なんとなくうまくかわせたのです。しかし、自分から笑いにできなかったり、うまくかわせない人は、こうした言動が積み重なっていじめにつながったり、最悪の場合自死に至ることもあります。その最たるものが今回の一橋大学の事例だったと思います。

　アウティングは、おそらく全国どこでも起きていることだと思います。しかし、それがかなりの危険性をはらんでいるという認識は、なかなかされていないのが現状です。こうした性的指向・性自認に関する差別や偏見がはびこっている状態のなかでは、アウティングは当事者を追いやってしまう危険な行為だと感じています。

　では、カミングアウトされたらどうしたらいいのかという疑問は、非当事者の方から特に出てくると思います。当事者がカミングアウトする理由はさまざまです。「ただ知っておいてほしい」ということだったり、その人に協力してもらって親にカミングアウトしたい、など人によって異なります。まずは肯定的に受け止める。その際に「誰に伝えているのか」と「誰にまで伝えてよいのか」をぜひ確認してほしいです。受け止めたいけれども、どのように処理したらいいかわからず困る場合にも、一人で抱え込まずに、個人情報を明かさないように注意しながら誰かに相談をしたり、電話相談を使ったりするのがよいと思います。

　アウティングをされて困ったという当事者も、まずは一人で抱え込まないことが大事だと思います。相談できる人がいればいいですが、いない場合には電話相談に相談してみるのもよいと思います。

120

筑波大学のガイドラインにアウティングを明記

アウティングに関しては、2018 年 4 月、制度面で大きな動きがあったので、紹介したいと思います。

一つは東京都国立市で施行された国立市女性と男性及び多様な性の平等参画を推進する条例（2017 年 12 月可決、2018 年 4 月 1 日施行）で、「アウティングの禁止」が盛り込まれたことです。罰則がないので、法律ですぐに罰せられるということではないのですが、当事者にとっては、まず後ろだてがあること、予防効果があることで意義があるのではないかと思います。

もう一つは、筑波大学の LGBT に関するガイドラインが改定されて、「故意や悪意によるアウティングに対しては、本学はハラスメントとして対処します」という部分が新たに追加されたことです。故意のアウティングに関しては、これまでもハラスメントとして対応されていたものを、あえて明文化したということだそうです。

内容のポイントは、カミングアウトは自分でコントロールできる自己決定であるのに対して、アウティングは情報のコントロールが本人にはできない／難しいので、場合によっては精神的苦痛を与えてしまいます。そこで、ハラスメントとして対応しますということを明記しているのです。この事例のいいところは、当事者に対しても、カミングアウトを受けた側に対しても、守秘義務のある相談窓口に相談してもいいことを明記している点です。これはフェアだと思います。アウティングを防ぎながら一人で抱え込まないという点で、どちらにも配慮していることが素晴らしいと思いました。

筑波大学ではこのガイドラインに連ねてワークシートを新たにつくっています。ワークシートはウェブサイトで誰でも見ることができます。例えば、当事者がカミングアウトをしたいと思ったときに、「誰にしたいですか」「どのようにしたいですか」というような自分の頭のなかと心を整理できるようなワークシートになっているようです。逆に、カミングアウトを受けた人が受け止めきれなかったときに、自分の頭や心を整理できるような、自分で使えて、かつ誰かに相談をしに行くときもそれをもとに整理して相談できるような、画期的なワークシートです。

〈教育の現場から〉　大学の場合

　このように、制度によって対策をすることは、アウティングを防止する効果があり、アウティングされてしまったときにも当事者が守られる面で意義があると思います。一方で忘れてはいけないのは、本来誰もが多様な性のあり方を当たり前のものとして認識していれば、つまり、すべての人の性的指向・性自認が平等に扱われている社会であれば、アウティングされても何の不利益もないはずなのです。例えば、私は獅子座なのですが、自己紹介で「獅子座です」といったときに、獅子座に対しては何の価値判断もされません。本来はセクシュアリティもそういうものであるべきだと私は思っています。

　現状、こうしたアウティングの危険性があるなか、そもそも SOGI に対する差別や偏見を禁止したり、当事者が守られる制度をつくることは短期的には急務であると思っています。その先に LGBT が当たり前の存在として認識されるよう啓発を同時に進めていくことが重要ではないかと私は考えています。

第2部　日本のSOGIはいま

雇用・労働の現場から

LGBT、SOGIに関する日本の施策

LGBT、SOGIに関する日本の施策	内藤 忍	労働政策研究・研修機構 副主任研究員

職場では、性的指向・性自認に関して、特に人間関係や、それと地続きであるハラスメントが問題です。電話相談「よりそいホットライン」の仕事に関する相談では、セクシュアルマイノリティの専用ラインの方が、それ以外のラインに比べて、職場の人間関係の悩みが多いのです。次に多いのが「いじめ・パワハラ・セクハラ」です。性的指向・性自認に関するハラスメント（以下、SOGIハラ）対策は喫緊の課題です。

国としての取り組み

この問題に関連する法律は男女雇用機会均等法です。同法は雇用領域における男女の性別に関する差別を禁止する法律です。均等法の11条にはセクシュアルハラスメントに関する事業主の措置義務の規定が置かれ、セクハラの指針がつくられています。2013年にはこの指針に、「被害を受けたものの性的指向又は性自認にかかわらず、当該者に対する職場におけるセクシュアルハラスメントも本指針の対象となる」という文言が盛り込まれました。

セクシュアルハラスメントの措置義務の規定は、性的な言動に対しての事業主の予防義務、相談窓口を設置する義務、相談に来た場合に対応する義務などを定めています。この対象となる行為は「性的な言動」です。「性的な言動」の「性的」というのは、性的指向や性自認の「性」ではなく、

123

非常に狭義な「いやらしい」とか「エッチな」という意味の「性的」です。そうした言動は被害者の性的指向や性自認にかかわらず、均等法11条の対象になるということです。当たり前といえば当たり前のことが、確認的に書き込まれました。つまり、SOGIハラが、均等法のセクシュアルハラスメントに含まれるということではないのです。ただし、セクハラ指針に「性的指向又は性自認」という言葉が初めて入ったことは、差別的属性を認識させる点で大きな意味を持つでしょう。

　厚生労働省は『職場における妊娠・出産・育児休業・介護休業等に関するハラスメント対策やセクシュアルハラスメント対策は事業主の義務です！！』というハラスメントについてのパンフレットを出していますが、ここには、「「ホモ」「オカマ」「レズ」などを含む言動は、セクシュアルハラスメントの背景にもなり得ます」と記載されています（2018年版の3ページ）。この注意書きは、パンフレットとはいえ、SOGIハラとセクシュアルハラスメントの関係を示した点で、さきほど紹介した指針の文言から一歩進んでいます。

　一方、国家公務員の職場では均等法が適用になりません。国家公務員のセクシュアルハラスメントについては、人事院規則10－10という規則が適用になります。この規則の通知「運用について」が2016年12月に改正され、規則の対象となる「性的な言動」に、「性的指向若しくは性自認に関する偏見に基づく言動」が含まれることになりました。つまり、均等法のセクシュアルハラスメントにSOGIハラは含まれておらず、民間職場では、「背景になり得ます」という、パンフレットにおける注意喚起レベルにとどまりますが、国家公務員職場においてはSOGIハラが「性的な言動」の一つとして規制対象になったのです。SOGIハラはセクハラに該当するとして、各省・各庁には予防する義務、相談に対応する義務が生じます。

　また、厚労省は民間企業向けに就業規則の例を出しています。企業はこれを参考にして就業規則をつくることが多いと思います。このモデル就業規則は、ときどき改定することがあるのですが、平成30年1月の改定で新しく、「その他あらゆるハラスメントの禁止」として、「性的指向・性自認に関する言動によるものなど、職場におけるあらゆるハラスメントによ

り、他の労働者の就業環境を害するようなことをしてはならない」という条文が加わりました。このモデル就業規則をもとに自社の就業規則を整備していくとすれば、現場では大きな効果があるでしょう。

さらに、厚労省のウェブサイトでは、「公正な採用選考の基本」を発表しています。採用選考の注意点を事業主に向けて書いているものですが、「障害者、難病のある方、LGBT 等性的マイノリティの方（性的指向及び性自認に基づく差別）など特定の人を排除しないことが必要」と記述されています。

海外の事情や企業の好事例の情報の収集と発信のため、厚労省所管の労働政策研究・研修機構では、厚労省等の要請に基づき、『諸外国の LGBT の就労をめぐる状況』（2016 年）や、『LGBT の就労に関する企業等の取組事例』（2017 年）などの調査結果をウェブサイトで発表しています。

国の取り組みの課題

国が行ってきた政策をいくつかご紹介してきましたが、性的指向・性自認の差別やハラスメントに関する法律はないのか、という疑問が当然生じると思います。SOGI ハラを対象とする国家公務員の人事院規則はありますが、人事院規則も差別を禁止しているわけではなく、SOGI ハラに対する各省・各庁の対処の義務を書いているだけで、禁止は書いていません。民間に至っては、SOGI ハラに対応する義務、措置義務もないですし、禁止もされていません。差別やハラスメントが起きたときに、これが問題で違法な行為であるとして争うとなったら裁判所に行かなくてはなりません。性的指向・性自認に関する事案に限りませんが、裁判所の紛争解決は一般の人にはハードルが高いと思います。

職場では「オカマといわれた」「カミングアウトをしたら嫌がらせが始まった」「気持ち悪いといわれた」「本当は女のくせに生意気だといわれた」など、本当にたくさんのハラスメントの訴えがあります。こういった現状に鑑みると、いま国がおこなっている施策や、オリンピック・パラリンピックの組織委員会が出した調達コードなどは、ないよりはましなものの、果たして実効的なのかというと、職場における現状を抜本的に変えるには不

十分だと私は思っています。結論的には、性的指向・性自認に関する差別
やハラスメントが禁止されて、かつ企業としても対応しなければならない
義務が置かれて、さらに問題が起きたときに報復されずに声をあげられ、
適切に救済されるシステムが立法的に必要だろうと考えています。

| 差別禁止に向けた 連合の取り組み | 井上 久美枝 | 日本労働組合総連合会 総合男女・雇用平等局長 |

日本で働いている人たちは約5600万人以上いますが、労働組合がある職場は17％しかありません。80％以上の人たちが労働組合のない職場で働いているのが実態です。日本労働組合総連合会（連合）にはいろいろな局がありますが、私は総合男女・雇用平等局で男女平等の課題、SOGI、雇用平等などの課題を担当しています。

1000人への大規模調査

国際労働状況のなかでもLGBTの課題は20年以上前から取り組まれているのですが、日本の労働組合において、とりわけナショナルセンターにおいては、この課題についての取り組みは少し遅れていました。私たちもしっかり取り組まなければいけないということで、まずどういうことなのかを知るために学習会を開催しました。

そして、労働組合としては実態はどうなのかを調べる必要があるということで、2016年6月にLGBTの非当事者を中心に職場に関してインターネット調査をしました。この種の意識調査は日本初ではないかと思います。結果、男女500ずつ1000サンプルが集まり、テレビやインターネット、新聞等で取り扱っていただきました。

特徴的なところだけ説明しますと、LGBTの当事者は回答者の8％で、過去に行われた電通や博報堂などの調査と同水準の結果になりました。「飲み会を含めた職場での非当事者に対するLGBTをネタにしたようなハラスメントを見聞きしたことがあるか」については、「ある」が4人に1人、身近にLGBTの人がいるという人は6割にのぼることがわかりました。「職場でLGBTに関する差別的な取り扱いを経験した、または見聞きしたことがあるか」という問いについては、リーダーや管理職の方が見聞きしている傾向があり、身近にLGBTがいる人では約4割が見聞きしているという結果が出ました。

〈雇用・労働の現場から〉　差別禁止に向けた連合の取り組み

「差別をなくすべきか」ということに関しては8割の方が「差別をなくすべき」と答えています。男性よりも女性の方が「なくすべきだ」と答えている割合が多いのが特徴です。「ハラスメントを防止・禁止すべき」と答えているのは過半数で、一方「まだ、わからない」という人たちは35％で、イメージが浮かばない現状が垣間見られました。

「職場にあるとよい施策」は「ハラスメント防止施策」がトップで33.6％でした。その他は「差別禁止の方針」や「トランスジェンダーに対する配慮」などが続きます。これらの調査から職場における課題が浮き彫りになりました。

職場の取り組みガイドラインを策定

働く上では採用関係、人事関係、服務規律、福利厚生、安全衛生などさまざまな領域があります。これに関して連合では、ほぼ1年間学習会をして周知をしてきましたが、次のステップとして、職場の取り組みガイドラインを2017年11月に策定しました。策定にはLGBT法連合会からも専門的知見からのアドバイスをいただきました。

連合SOGIガイドラインの概要は、2016年に「性的指向及び性自認に関する差別禁止に向けた連合の当面の対応について」を中央執行委員会で確認した際には、いわゆる「LGBT」という言葉自体をとにかく広げることが目的でしたが、ガイドラインの作成はその次のステップで、「SOGI」をしっかり伝えていこうということにしました。なぜ労働組合が取り組むのか知らない人がたくさんいますので、基礎的知識として「SOGI」と「LGBT」の違いを図で解説すること、「性的指向・性自認」をめぐる職場における課題と背景として「カミングアウト」や「アウティング」について、知っているようで知らない課題の背景を解説すること、「SOGI」に関して労働組合はどんな取り組みが必要なのか、あるいは具体的な環境整備や当事者支援のあり方、これらを概要にしています。

このガイドラインの特徴ですが、いわゆる「LGBT」の当事者だけでなく、すべての人の人権課題ということに位置づけています。網羅的に「課題と背景」、取り組みや支援のあり方を掲載しています。現場で具体的な課題

と対応にあたっての考え方を掲載していますので、細かく見ていただければ対応できるようになっていると思います。

　事業主に働きかけをするのが労働組合としての取り組みの一番ですので、まず、事業主に対して差別禁止の方針をしっかり就業規則に明記させること、それを職場で周知させることを第一にしています。そして雇用管理のすべてのステージで差別を行わないことを明らかにさせる。これはILO（国際労働機関）の報告でも「性的指向を理由に賃金格差が生まれる」との指摘があります。女性差別と同様で、「マイノリティに対する差別に関しては労働組合としてしっかり取り組む」としています。

　ハラスメント対策については、すでに労働組合があるところでは、既存のセクシュアルハラスメントに対する防止措置が取り組まれていると思いますので、それを参考にしてSOGIに関するハラスメントの防止措置を講じさせるということで、国家公務員や厚生労働省での呼びかけも参考にしました。

　相談態勢の整備に関しては、職場の課題についてしっかり相談に対応できるようにすることは、労働組合の基本的活動です。カミングアウトなどの場合は二次被害を生じさせないように、秘密の厳守やプライバシーに留意することが必要です。カミングアウトをされた場合は、非正規雇用であるとか、メンタルの問題を抱えているかなど複合的な困難に対する支援についても掲載しています。

　雇用管理のステージごとの取り組みですが、募集・採用・人事関係で不利益な評価を行わないように研修などで徹底するとか、合理的な理由がなければ履歴書等の性別欄を削除するとか、福利厚生などにおいては同性パートナーを配偶者と同等に扱わせることも明記しています。

　安全衛生関係については、メンタルヘルスに不調をきたした場合には、安全衛生委員会などで対応するようにし、あるいは専門機関などと連携した取り組みも必要であると掲載しています。

　具体的な環境整備と当事者支援のあり方としては、ALLY（アライ）など支援グループの結成ということがあります。これは男女平等の課題についても、例えば女性委員会や男女平等推進委員会を労働組合でつくって取

り組みをしていることと同様の意義を持つので、支援グループ等の態勢整備をしています。各種手当や両立支援制度などについても、差別がないような取り組みをさせるようにしています。

男女別取り扱いに生じる困難として、トイレや更衣室などの施設、日常における男女別取り扱いの考え方もしっかり整理をしています。

日常的な困難では、外見に関する諸課題があります。服装やとくに性別移行期の外見については、基本的には本人の気持ちを尊重して、本人の望む装いでの従事を認めさせるような取り組みをしています。

各種施設利用の考え方については、トイレや更衣室の配慮であるとか、企業の研修などでの宿泊行事などでの配慮、健康診断の受診の際の配慮などについて記載しています。

性別適合に関する課題については、性別適合手術を希望する場合に、戸籍変更や各種書類の変更に対する基本的な考え方の整理をしています。必要な場合において、周囲への説明や情報提供をする、一方でプライバシーの確保をし、性別適合手術にともなう休業や休暇に関する対応についても記載しています。

最後に影響調査で、取り組みの進捗状況の確認と評価を行います。きちんとプライバシーが守られているのか、環境整備ができているのか、PDCA（計画→実行→評価→改善の４段階を繰り返すことによって、業務を継続的に改善するサイクル）に即して進めています。

性別適合手術への休暇も

先進的な取り組みの事例ですが、キリン傘下の労働組合は、ホルモン治療や性別適合手術に最大60日の休暇が取得できることを労使で合意しています。同性婚や事実婚カップルについても、法律婚カップルと同等に慶弔休暇、手当や社内制度を労使で合意をしています。また、コンプライアンスガイドラインに性的指向・性自認についての不当な差別や個人の尊厳を傷つけない旨を盛り込んでいます。

連合は2018年の春季生活闘争でも、「性的指向や性自認に関するガイドラインを活用して就業環境の改善を図る」という要求を入れました。労使

第2部　日本のSOGIはいま

で合意した組合も少しずつ出てきています。

　かつては日本の企業は男性中心の職場環境でした。しかしいま職場のなかには、本当にたくさんの人たちが働いています。女性、育児をしている人、病気の人、介護をしている人、性的少数者の人などすべての人たちが対等・平等で、人権が尊重され、自分の居場所と出番を見出せる社会ができるように、連合は取り組んでいます。労働組合の組合員だけを対象にするのではなく、すべての働く人たちがよい環境で働けるような取り組みをしています。

| 働くトランスジェンダー当事者 | 池田 |

　私はトランスジェンダーの当事者で、体は女性として生まれたけれども、心は男性という FtM です。社会人 5 年目になります。トランスジェンダー当事者として、実際に経験をしてきた就職活動、就職の経験談を等身大でお知らせしたいと思います。

　私はカミングアウトをして就活をしました。理由は単純で、カミングアウトをせざるを得ない状況だったからです。というのは、男性ホルモン治療を開始しているけれども、戸籍変更はまだしていない状態、つまり見た目は男性に近いけれども、戸籍上の性別は女性という段階で就活をしたからです。

　私はその当時、自分のセクシュアリティについてどうやって伝えたらいいのか、ということに悩みまして、結果としてこのような形で履歴書に記載をすることに決めました。なぜこういう形で伝えたかといいますと、「就職後に転居します」くらいの勢いで、単なる事実として客観的に

履　歴　書

氏名：○○　○○
性別：男・⊘

備考欄：私は、現在戸籍上女性ですが、○年○月に「性同一性障害」と診断され、男性ホルモン治療を行っています。○年○月ころに、戸籍を男性へと変更する予定です。

堂々と伝えるのが賢明だという判断をしたからです。伝え方は何が正解ということはなく、人それぞれその状況に合わせてみなさん選択しているのだと思います。

就活中にした嫌な体験

　私は公務員試験のための予備校に通っていたのですが、そこの講師からは「公務員は面倒くさいのは採らないよ。どうしても話したいのなら止め

ないけれど、俺なら採らないよ。ちょっと考えたら？」といわれました。どういうシチュエーションでいわれたかというと、予備校での面接練習のときに、面接練習を担当した講師が、面接前にこの言葉をすごく険悪な表情でくどくどといったのです。その後、面接練習をしたのですが、この言葉によるショックで何も覚えていません。

　なぜこの一言が辛かったかというと、まず一つ目は、カミングアウトしながら公務員試験を受けた人というロールモデルが当時の私にとって全然いなかったのです。もしかしたらいたのかも知れないのですが、少なくとも私には見えなかったという状態で、不安しかありませんでした。もう一つは予備校の講師にそのようにいわれて、「やっぱりそうなのだ。私のような人は難しいんだな」と自信をなくしたのです。

　逆に嬉しいこともありました。合格して、その報告をお世話になった予備校の講師にしにいったときに、「池田くんのことをぜひほかの講師にも紹介したい」ととても喜んでくださいました。いっしょに職員室に行って、20名くらいの講師全員の前で、「池田くんはこうこう、こうで、でもがんばって見事合格を勝ち取ってくれました」と紹介をしてくださり、大きな拍手をいただきました。

　これはなぜ嬉しかったのかというと、誰かのロールモデルになれたのではないかと思えたからです。その後にその予備校で同じ悩みを抱えている人がいたとしたら、講師の方も「そういえば、前にいたよね」と話せる例になれたこと、役に立てたことが嬉しかったのです。実際に講師の方も、「もし今後同じ悩みをかかえている人が来たら話していいかな」といってくださり、「もちろんです」と答えました。

内定・就職、戸籍変更まで

　私がどういう状況で働いているかというと、人事の管理職である担当者の方だけが私のセクシュアリティについて知っている状況で働いています。就職した当時、保険証以外すべて男性扱いをしてくれたのです。とくに大きかったのは、健康診断も一般男性と同じように扱ってくれたことです。戸籍変更手続きについては、自然な流れでていねいに説明をしてくだ

さり、ありがたかったと思っています。

職場での課題と困難

　実際に職場でどういう課題があるか、どういった困難があるかですが、おもに次の二点です。一点目がトイレ問題です。これはよくみなさんも耳にすると思います。もう一つは、一部の人のみが知っている環境で働いている私ならではの悩みかも知れませんが、「いつ誰に知られるかわからない恐怖」という不安が常にあることです。

　まずトイレ問題ですが、私がどのようにトイレを利用しているかというと、男性トイレに入って個室を利用しています。毎回個室に入るのでタイミングを見計らわなければなりません。知っている人がいないほかの階のトイレに行くとか、我慢してしまう日々です。周りの人はそこまで気にしていない、ということはわかっているのですが、もし噂でもされてしまったら職場での居づらさにつながってしまうため、とても慎重になります。そのなかで無意識に神経をすり減らしていると自分でも実感しています。これは体の問題でもあり、トイレという物理的な問題なので、カミングアウトせずに働いているトランスジェンダーにとっては難しいものなのです。

　二点目は「いつ誰に知られるかわからない」ということです。具体的には戸籍変更の記録が残っているという状況があり、主に３つありまして、私自身人事課に所属していたときに気づいたことですが、職員一人ひとりについて人事記録の書類があり、そこに戸籍変更の履歴が残っているということがわかりました。また、人事課内には職員全員の個人情報が入っている電子システムがあり、そこにも戸籍変更の履歴が残っています。この電子システムは人事にかかわる若い職員たちもみんな見ることができ、しかも履歴が消せないので、誰に知られるかわからない環境です。さらには、採用当時、私が戸籍上は女性のときの住民票が、通勤手当関係の手続きで必要だということで、異動のたびに異動先に引き継がれていました。それを見て性別に気づけば「アレッ？」となる状況です。

　このように、いろいろな職員が戸籍変更の履歴を見る可能性があり、い

つ誰に知られるかわからない恐怖心があります。加えて、以下のアウティングによる恐怖心も大きいです。

アウティングの心配

アウティングとは、本人の了承を得ずにほかの人にセクシュアリティについて暴露をしてしまうことを指します。アウティングには悪意のものと善意からくるものがあります。

悪意のアウティングはイメージしやすいと思うのですが、私の戸籍変更の事実を知っている職員が他の職員に話すなど、いつどこから噂が広まるかわからず、悪意のアウティングの心配があります。

善意のアウティングの心配というのは、なかなかイメージしにくいと思います。私が実際に経験していることですが、私が所属している部署の上司が異動するときに、私のセクシュアリティの事情について、「何かあるときのために、池田くんのことを話しておいたからね」と後任に伝えていったのです。後で本人からその話を聞きました。これは善意によるものなので、私もそのときはアウティングされた意識もなかったのですが、この話をほかの当事者の方にすると、「それ、アウティングじゃないの」といわれて、はっとしました。善意だと本人もアウティングされたことに気づきにくいと実感しました。どういうことをされたら嫌なのかとか、どういうふうに扱ったらいいかと双方でもっと対話するべきだったというのが反省点です。

最近の心配事

近々、職場で旅行会がある予定です。トイレをどうするか、お風呂にいっしょに入るのかとか、宿泊部屋が相部屋だったらどうやって着替えるのかと、いろいろな心配事が頭を巡っていて、いま対策を考えているところです。

働きやすい職場とは何だろうと考えたときに、それは「安全」な場所だと私は思います。当事者一人ひとりが、安心できるオープン度合いを選択できる場が一番心理的に安全な場所だと思っています。

今日の性的指向・性自認に関する法制度の状況

神谷 悠一 | LGBT 法連合会事務局長

「性的指向および性自認に関する困難を抱えている当事者等に対する法整備のための全国連合会」、この LGBT 法連合会の正式名称であるが、発足から 4 年経ったいまなお、残念ながら当初の目的であった性的指向・性自認を真正面から捉えた法律は制定されていない。ただ、各自治体における条例や、各団体の取り組み、関係法などにおいて、部分的にではあるが、私たちが求める差別を禁止する、あるいは困難を具体的に解決する制度が見られ始めている。本稿ではこのような、現時点において整備されている関係制度を概観することを通じて、法整備に向けた機運の高まりを改めて確認するとともに、今後の法整備に向けた議論と参考となる取り組みとして紹介していきたい。

1. 地方自治体の取り組み

(1) 差別禁止条例

この間、私たちの求める SOGI 差別禁止条項を盛り込んだ条例を制定する自治体が増えている。昨年からは、広域自治体においても制定が始まり、全国への波及が待たれている。ここでは、初めて広域自治体として差別禁止規定を盛り込んだ東京都の制定過程を見ていくこととしたい。

2018 年 10 月に東京都は「東京オリンピック憲章にうたわれる人権尊重の理念の実現を目指す条例」(通称「人権条例」)を制定、そのなかには広域自治体としては初となる性的指向・性自認に関する差別禁止条項が盛り込まれた。しかし当初、東京都が 2018 年 5 月、6 月に発表した「条例のポイント」「骨子案」にはこの差別禁止条例が含まれていなかった。こうした都の発表に対し、LGBT 法連合会はその都度、差別禁止規定の必要性

を指摘する声明を発表。また、当事者をはじめとする多くの市民は、条例のパブリックコメントに対して、差別禁止規定を求める多くの声を寄せていた。加えて都庁内でも、多くの当事者、都議会議員が参加した集会が開催され、当事者の悲痛な困難を訴える、さまざまなスピーチが行われた。この模様は一部の都議会議員のブログに記載されるなど、多くの反響を呼び、多くの議員のなかで差別禁止規定の必要性が共有されたものと思われる。このような動きから、条例審議の直前の2018年9月に都が発表した条例案本文には、突如差別禁止条項が盛り込まれることとなった。都は、条例審議の際に、差別禁止条項を盛り込んだ理由として、パブリックコメントに寄せられた声を踏まえたと答弁しており、当事者等の求めによる結果であると認めている。つまり、この差別禁止規定は当事者等による大きな運動の成果であり、私たちが勝ち取った規定であるといえるだろう。この条例は、都議会で可決され、2018年10月のうちに施行されている（一部規定は2019年4月施行）。

　東京都の動きに続き、2019年3月には、茨城県において男女共同参画推進条例の改正案が可決、SOGI差別禁止条項が取り入れられた。他にも同様の動きが聞かれる広域自治体もあり、差別禁止規定導入の動きは広まりつつあるといえよう。

　今後の国における法整備に向けては、このような広域自治体の取り組みの広がりが重要であることはいうまでもない。既に導入された自治体では、一部で懸念されていた混乱もなく、粛々と取り組みが進められている。今後とも、全国への波及に向けて取り組みを強める必要があろう。

⑵　カミングアウトとアウティングに関する条例

　東京都国立市は、2018年4月から「国立市女性と男性および多様な性の平等参画を推進する条例」を施行した。この条例にはさまざまな先進的な条項が盛り込まれているが、SOGIの観点から特筆すべきは、「性的指向、性自認等に関する公表の自由が個人の権利として保障されること」（第3条（2））や、「何人も、性的指向、性自認等の公表に関して、いかなる場合も、強制し、若しくは禁止し、又は本人の意に反して公にしてはならな

い」（第8条第2項）であろう。従来からカミングアウトやアウティングについては当事者の間で日常的な課題として認識されていたが、一橋大学における大学院生の転落死事件などもあり、特に「アウティング」に対する社会的な関心が高まっていた。日本学術会議は「アウティング」をプライバシー侵害であるとともに、生命に関わるほど深刻なハラスメント、と位置づけ、対策を求める提言を発表しているのは、その一例といえる。このような状況を受け、国立市が、性的指向・性自認に関する公表を個人の権利とし、その上で公表の自由の侵害やアウティングを禁止条項とした初の条例を制定したことの反響は大きく、さまざまなマスメディアで報じられることとなった。「アウティング」が禁止されるべきものであるかを問う議論も一部に見られたが、学術会議の示すようにハラスメントの一類型と位置付けられるのであれば、それが禁止されたとしても問題はないといえよう。

この国立市の動きに続き東京都豊島区も、2019年4月から改正男女共同参画条例を施行、「すべての人の性自認又は性的指向が尊重され、誰からも干渉又は侵害をうけないこと」（第3条（8））を規定した上で、カミングアウトに関する「強制や禁止」の禁止、「アウティング」禁止をそれぞれ第7条の5項と6項で規定することとなった。

豊島区はこの他にも、「性別等」の概念に性自認や性的指向を入れることにより、「性別等」を介して男女共同参画の定義に性自認や性的指向を入れ込むというエポックメイキングな実践を行なっている。これにより、男女共同参画条例が定める事項、例えば教育や計画策定、苦情処理などの制度が、性自認や性的指向にも開かれることになると思われる。加えて、性的指向・性自認に関するハラスメント（いわゆる「SOGIハラ」）についても、セクシュアル・ハラスメントの定義に入れ込むと条文に明記されており、より注意的に規定がなされている。

このような随所に見られる重要な規定ぶりは、モデル条例ともいえる内容であり、続く自治体の参考となるものである。[1][2]

(3) その他の注目すべき取り組み

他にも、地方自治体ではさまざまな注目すべき取り組みが始まっている。

神奈川県鎌倉市は性的指向・性自認も対象に含んだ「鎌倉市共生社会の実現を目指す条例」を 2019 年 4 月から施行している。この条例は、差別禁止条項などが盛り込まれているわけではないものの、「合理的配慮」条項が盛り込まれている点で特徴的である。

合理的配慮は、私たち LGBT 法連合会の差別禁止法試案にも盛り込まれているものであり、端的には社会的障壁に関する環境調整義務を課すものである。SOGI の文脈では条例も含め、あまり顧みられてこなかったが、鎌倉市において規定がなされたことで、今後の広がりに先鞭がついたといえよう。合理的配慮条項が必要な理由については、神谷（2015）⁽³⁾にあるように、性的指向・性自認の課題として挙げられるロールモデルの欠如や、お手洗いや更衣室など男女別施設等の利用などを挙げることができる。これらの課題は当事者からも課題として挙がりやすいものであるため、合理的配慮条項の広がりが期待される。

また、SOGI「指針」制定の動きも広まりつつある。指針は、行政の窓口対応、教育現場の対応、役所の職場内の対応などを具体的に定めたものであり、実務の手引きとして用いられることが想定されるものである。SOGI 課題について、現場でどのように対応すべきかわからないという声はいまなお聞かれる。指針はこのような声に応えるものであり、目指すべき考え方や具体的な手順が示されている。自治体によっては、災害時における対応なども記載されるなど、それぞれの特色を生かした領域の広さも特徴といえよう。こうした自治体の指針は、自治体以外の職場や各種機関においても参考となるものである。

SOGI 指針を最初に導入したのは東京都文京区だが、そこから前述の豊島区、三重県、熊本県熊本市、大阪府枚方市、京都府京都市、千葉県千葉市、栃木県栃木市など、全国的に波及が見られている。これらの指針は、LGBT 法連合会が全国の賛同団体の意見を取りまとめて監修（第 2 版からは「著」も）、一般社団法人社会的包摂サポートセンターが編集・発行している、「性自認および性的指向の困難解決に向けた支援マニュアルガイドライン」が参考にされており、運動の成果の一つと位置付けられ得るも

のといえよう。

2．さまざまな団体の取り組み

　自治体の他にも、各団体、機関において SOGI に関する取り組みは広がっている。

　東京オリンピック・パラリンピック競技大会組織委員会は「持続可能性に配慮した調達コード」を発表しており、このなかで SOGI 差別禁止やハラスメント禁止などを盛り込んでいる。この「調達コード」は、組織委員会に物品やサービスを納入する事業者（サプライヤーやライセンシー含む）に遵守を求めるものであり、違反した場合の通報受付窓口も整備されている。一定の履行確保措置を持つ制度といえよう。調達コードには併せて解説も発表されており、ここには、「性的指向・性自認に関する情報には厳正なプライバシー対応が求められるため、本人の望まない周囲や外部への情報提供は 厳に慎むべきことが研修等の中で共有される必要があります[4]」と、アウティングに対応すべき旨も盛り込まれている。2020 年のオリンピック開催に向け、関係企業の遵守が期待される。

　また、労使団体の取り組みも進んでいる。日本経済団体連合会（経団連）は、2017 年 5 月に「ダイバーシティ・インクルージョン社会の実現に向けて」を発表しており、加盟企業などに SOGI 差別や SOGI ハラの禁止を社内規定等に明記するよう求めている。一方の日本労働組合総連合会（連合）も、2017 年 11 月に「性的指向及び性自認に関する差別禁止に向けた取り組みガイドライン〜すべての人の対応・平等・人権の尊重のために〜」を発表しており、差別禁止やハラスメント対応の他に、アウティング対策、お手洗いや更衣室をはじめとする男女別取り扱いにより生じる困難等について、考え方を示している。このような労使双方の取り組みから、春の労使交渉の課題として、性的指向・性自認の課題を取り上げる向きも見られ、職場課題としての認識も高まっているといえよう。

3．国の取り組み

このような広範な社会的なうねりに比して、残念ながら国が機敏である

とはいい難い。ただ、法律より下位の運用において、いくつかの取り組みも見られ始めており、ここで紹介していくこととしたい。

　人事院は、2016年12月に人事院規則10－10（セクシュアル・ハラスメントの防止等）の運用を改正し、セクシュアル・ハラスメントのなかにSOGIハラを含めることとした。これにより、性的指向若しくは性自認に関する偏見に基づく言動を、防止及び排除の対象と位置付け、違反した場合に懲戒などの処分対象と定めた。これは極めて画期的な取り組みである。人事院規則10－10については、2018年の財務省におけるセクハラ事件において、その限界も指摘されているところであるが、まずはセクシュアル・ハラスメントと同等の取り組みを規定したという点で大きく前進したといえよう。

　他方、厚生労働省は、2018年1月に「モデル就業規則」を改訂し、「性的指向・性自認に関する言動によるものなど職場におけるあらゆるハラスメントにより、他の労働者の就業環境を害するようなことをしてはならない」との文言を、新設した。これは「その他あらゆるハラスメントの禁止」の項目に盛り込んだ。「モデル就業規則」は、常時10人以上の従業員を使用する使用者に義務付けられている就業規則の作成に際して、独自に就業規則を一から策定することが困難な場合などに、参考とされるものである。そのため、モデル就業規則に記載されたSOGIハラ禁止規定は、全国的な一定の基準と評価することもできる。

　関連して、2019年の第198通常国会においては、いわゆる「パワーハラスメント」の法制化に向けた審議において、SOGIハラやアウティングがパワーハラスメントとなり得るとの政府答弁が出てきている。こうした政府答弁を背景に、衆議院厚生労働委員会では、全会一致でSOGIハラやアウティングがパワーハラスメントに当たる旨を指針に明記すべきであるとともに、アウティングを念頭においたプライバシー保護を講ずることを求める附帯決議がなされた。今後の法案の成立や施行に向けた取り組みのなかで、どのようにこの決議が結実するのか、注視すべきであるといえよう。

　ハラスメント関係以外にも、性別適合手術において、一定の要件を満た

せば健康保険が適用されるようになったことや、個人情報保護委員会が
EU一般データ保護原則（GDPR）に合わせる形で、一定の要件の下、性
的指向や性生活等の情報を、原則取り扱いに本人同意が必要な個人情報保
護上の要配慮個人情報と同様に扱うよう求める「個人情報の保護に関する
法律に係るEU域内から十分性認定により移転を受けた個人データの取扱
に関する補完的ルール」を定めるなど、政府としての取り組みは、領域を
拡大しながら進んできている。

　以上、雑駁ではあるが、自治体、各団体、政府など各アクターの取り組
みを概観してきた。

　このような各アクターの取り組みを受けてか、与党は第198通常国会に
SOGI法案を提出するとの報道が見られる。野党は既に「SOGI差別解消法」
を2018年の臨時国会に提出し、いまも継続審議となっている。3年前の
2016年にも与野党ともに法案の成立に向けた機運が高まったが、今回は
それ以来の重要な局面にあるといえよう。

　それぞれの立場を超え、人権の観点からSOGI差別に対する実効的な法
制度の確立が待たれている。私たち当事者団体としても、引き続き各分野
ごとの実態や、それに伴う取り組みに関する情報の発信を強め、より良い
制度に向けた議論の参考とされるよう、努めていくこととしたい。

注
(1) 手前味噌であるが、この条例については、その内容も含めて、豊島区からの委
　託によってLGBT法連合会がアドバイスを行なったものである。
(2) 一般社団法人Fairの松岡さんが、豊島区がモデル条例といえる点について詳説
　しており、併せて参照されたい。松岡宗嗣,2019,「LGBTに関する「モデル条例」
　が豊島区で成立。地方から加速するパートナーシップ制度や差別禁止条例の広が
　り」ハフィントンポスト（https://www.huffingtonpost.jp/entry/lgbt-assembly_
　jp_5ca6b725e4b0a00f6d3d3582）2019年5月3日取得。
(3) 神谷悠一,「性的指向および性自認を理由とする困難と差別禁止法私案」『季刊
　労働法』251,労働開発研究会,2015,23-38.
(4) https://tokyo2020.org/jp/games/sustainability/sus-code/wcode-timber/data/
　explanation-1.pdf
(5) 実際には要件が厳しく多くの人が保険適用されない（例えばホルモン治療に適
　用されない）など、残る課題は大きい。

LGBT 法連合会のこれまでの活動

下平 武 | LGBT 法連合会事務局長代理

　LGBT 法連合会（正式名称：性的指向および性自認等により困難を抱えている当事者等に対する法整備のための全国連合会、以下、当会）が 2015 年 4 月 5 日に設立されてから 4 年が経過した。設立の経緯は『「LGBT」差別禁止の法制度って何だろう？』（かもがわ出版）に詳しいが、これまでに全国の賛同 85 団体（2019 年 5 月現在）（内 5 つの代表団体）で構成される全国連合会となっている。また当会は各地の賛同団体を地区ブロックごとに分け地域会議を開催し、「公務・教育関係」「民間・雇用労働」「医療・福祉」の 3 分野の委員会を設けて課題ごとに賛同団体と意見交換を行うなど、組織の規模に合わせて活動内容も広範囲に拡大してきた。

　本書は、2018 年 4 月 30 日に明治大学情報コミュニケーション学部ジェンダーセンターと当会の共催で開催したイベント「SOGI は今？〜歴史と国際から見る今後〜」の内容を書籍にまとめたものである。

　本稿では当会が設立されてから、4 年が経過した現在までの活動を振り返りたい。なお、前述のように設立から 1 年目の取り組み内容は『「LGBT」差別禁止の法制度って何だろう？』に詳しいため、ここではそれに続く 2 年目以降の取り組み内容を主に紹介していく。

現在の代表団体

　当会は当事者・支援者・専門家等から構成され、法整備を求めるわが国で最大の全国連合会であり、その取り組みの中心になる代表団体は、規約に基づき 2 年を任期に賛同団体による選挙で選出されている。2017 年 6 月 25 日に第 1 回代表団体選挙が開催され、2019 年 5 月現在は次の 5 団体を中心に取り組みを進めている。

1. NPO法人共生社会をつくるセクシュアル・マイノリティ支援全国ネットワーク（共生ネット）

所在地：東京都

当事者と家族への包括的な相談・支援、教育・啓発・支援者育成研修、自殺防止への取り組み、政策提言、全国の当事者団体とのネットワークや自治体との連携によるセーフティネットを構築。

2. ダイバーシティラウンジ富山

所在地：富山県

富山大学を拠点として、日本の地方都市における「多様性のある社会」の実現に向け、さまざまな立場の方々がともに学び・考えることのできる場づくり（授業、講演会、シンポジウム等）や情報発信（ブログ、SNS）を行う。

3. 同性パートナーシップの法的保障を求める全国ネットワーク（同性パートナーシップ・ネット）

所在地：東京都

同性カップルの法的認知・サポートを求めて政策を提言。各党派の議員への要望、また意見交換を実施。各党へ要望書を送付。

4. ダイバーシティ町家

所在地：兵庫県

LGBTQの医療・看護を考え、性別・性自認・性別表現・性的指向にかかわらず安全と尊厳が守られる看護ケアと助産ケア、多様な人が「じぶんの町で暮らし続けられる」包括的ケアに関する情報発信、調査研究、看護職者の連携などを行う。

5. LOUD

所在地：東京都

性的マイノリティ個人の選択が尊重され、安心して活用できるスペースを運営。当事者が抱える諸問題についての相談、啓発、執筆、講演、政策提

言を実施。

このように、当会では全国の連合会として東京の団体だけでなく各地域に根ざした活動を行う団体が代表団体に選出されている。この点は、法整備にあたり各地域の意見を反映させて法整備を進める上で重要であり、当会の取り組みのスタンスを示す上で特筆すべき点である。また、各代表団体の代表者は当会の「共同代表」として当会で中心的に取り組みを推進することとなる。その際には、偏りがちな「共同代表」のセクシュアリティのバランス等も考慮しながら選挙が行われている。

「公務・教育関係」「民間・雇用労働」「医療・福祉」の３分野の委員会

第２期（2017年６月〜）の代表団体で実施された新たな当会の取り組みとして委員会の開催が挙げられる。委員会はこれまでも「事例検討会」という会議体で開催されていたが、第２期より「公務・教育関係」「民間・雇用労働」「医療・福祉」の３分野に分類され、「委員会」へと格上げし、それぞれの課題について賛同団体の参加のもと、審議、意見交換を行った。

その最初の委員会として第１回「民間・雇用労働」委員会が2017年７月８日に開催された。各委員会活動の成果として、当会の基礎資料で関係団体に広く活用されている「性的指向および性自認を理由として、わたしたちが社会で直面する困難のリスト」(以下、困難リスト)の第３版の作成と、広く自治体や企業に活用されている「性自認および性的指向の困難解決に向けた支援マニュアルガイドライン」(以下、ガイドライン)の第２版の作成、加えて超党派の国会議員により構成される「LGBTに関する課題を考える議員連盟」と各政党に対する毎年の政府予算への要望の取り組みが主に挙げられる。

地域会議、イベント開催、その他の活動

当会では、設立より過去４年間で他にも書籍等の出版・監修や院内集会をはじめとする各種イベント・シンポジウムの開催、それから団体内の議論・コミュニケーション促進活動として各地域に当会の共同代表と事務局

を派遣し、地域会議を開催するなど、さまざまな取り組みを進めてきた。地域会議については第2期までに北海道、北陸、関東、東海、関西、九州の各ブロック、その他各県で開催し、各地の声を集積し、取り組みに反映させている。

　このように性的指向および性自認に関する普及啓発事業や当事者団体の連携強化事業、そして各関係機関との連携、当会の取り組みの主目的である法整備に係る各種取り組みなど、この4年間で事業はさらに拡大している。一方で事業拡大に伴う事務局体制の拡大の必要性や、取り組みに係るコストについての課題も浮き彫りとなっており、全国の賛同団体との連携と連帯を確認しながら、課題解決に向けて取り組みを進めていくことで、当事者が求める法整備を、引き続き国に提案していく。

LGBT法連合会主催シンポジウム「SOGIは今」の感想
参加者のAさん（社会人・20代）から

　今回、私が参加したシンポジウム「SOGIは今」のディスカッションでは現在の日本と海外のSOGIに関する課題の現状について学びました。アメリカでは2004年ころから国家のあり方としてダイバーシティ施策を積極的に推進しているそうです。加えて日本よりも当事者やアライの人々だけでなく、企業などが差別的な法律や条例に抗議する動きも起こっているそうです。

　私が当事者として思うことは、自分の働いている企業がLGBTやSOGIに関する課題に力を入れている場合、組織の中にLGBTやSOGIに関心のある社員がいることを実感することで当事者は勇気付けられ、カミングアウトをするまでいかなくても、少しでもこの会社の役に立ちたいと思う気持ちが強くなるのではないかということです。しかし、まだまだLGBTは勘違いや趣味のようなものという認識で、適切に理解されず、当事者は生きづらさを感じる場面も多くあります。そうした状況のなかで、私はLGBTへの適切な知識の普及とSOGIが非典型の人であっても社会生活に

おいて排除されず、人権を保障する仕組みづくりが重要だと考えます。

　多様性のない社会は人の心に見えないフィルターのようなものをつくります。例えば、私はカミングアウトをしていないので、同僚との飲み会では楽しく過ごしたいのに、週末に誰と過ごしたかなどプライベートにまつわるさまざまなことを当事者であることがバレないように本当のことを話すことができません。うまく嘘をついたつもりでも、相手にも、自分にも見えない壁があることを感じさせることもあり、コミュニケーションがうまくいかないこともしばしばあります。仕事でも仕事以外の場面でも「バレたらどうしよう」という緊張感が常にあり、目の前の問題に集中できなくなります。

　子どもや若者の目に多く触れるテレビやインターネットのメディアで差別的な発言が許されていてはいけないと思います。いつまでたっても「おかしいもの」「笑っていいもの」「気持ちが悪いもの」だとみんなが思い込み、当事者も深く傷つき「いってはいけないことだ」「隠さなければ」と思ってしまいます。こうした社会を変えていくためにも今後、法律と教育現場での取り組みが特に重要だと感じました。

第**3**部　　提　言

第3部 提言

日本学術会議
提言（要旨）

性的マイノリティの
権利保障をめざして
── 婚姻・教育・労働を中心に

平成 29 年（2017 年）9 月 29 日

日 本 学 術 会 議
　法学委員会　社会と教育における LGBTI の権利保障分科会

　この提言は、日本学術会議法学委員会社会と教育における LGBTI の権利保障分科会の審議結果を取りまとめ公表するものである。

法学委員会社会と教育における LGBTI の権利保障分科会

委員長 三成 美保（第一部会員）奈良女子大学副学長、研究院生活環境科学
　　　系教授

副委員長 二宮 周平（連携会員）立命館大学法学部教授

幹事 長 志珠絵（連携会員）神戸大学大学院国際文化学研究科教授

　　　伊藤 公雄（第一部会員）京都大学大学院文学研究科教授

　　　隠岐さや香（連携会員）名古屋大学大学院経済学研究科教授

　　　戒能 民江（連携会員）お茶の水女子大学名誉教授

　　　紙谷 雅子（連携会員）学習院大学法学部教授

　　　國分 典子（連携会員）名古屋大学大学院法学研究科教授

　　　榊原 富士子（連携会員）弁護士（東京弁護士会）

　　　島岡 まな（連携会員）大阪大学大学院高等司法研究科教授

　　　髙橋 裕子（連携会員）津田塾大学学長

　　　棚村 政行（連携会員）早稲田大学法学学術院教授・早稲田大学大学院
　　　法学研究科長

　　　名古 道功（連携会員）金沢大学人間社会学域法学類教授

151

〈提言〉　日本学術会議提言（要旨）

谷口 洋幸（特任連携会員）高岡法科大学法学部教授

本件の作成に当たっては、以下の職員が事務を担当した。（省略）

要 旨

1 本提言の背景 ── 性の多様性を尊重する意義

「ダイバーシティ」や「包摂と共生」を目指す 21 世紀社会では、LGBT/LGBTI の権利保障が重要な課題となっている。多様な性のあり方を包括する呼称は、いまだ統一されていない。本提言では、日本の行政機関で用いられており、LGBT/LGBTI よりも広い範囲を含む用語として「性的マイノリティ」を用い、必要に応じて LGBT/LGBTI も用いる。

　日本学術会議では、第 22 期に法学委員会「親密な関係に関する制度設計」分科会が性的マイノリティの親密関係についての制度保障を検討した。これを引き継ぎ、本分科会では、性的マイノリティの権利保障を包括的に論じることとした。性的マイノリティの権利保障をそれ自体で扱ったものとしては、本提言が初となる。本提言では、性的マイノリティの権利保障が急務となっている 3 つの分野、すなわち、婚姻・教育・雇用と労働について、政府と諸機関、国民が取り組むべき課題について取り上げる。

2 日本の現状と国際的動向から見る日本の課題

　日本における LGBT の対人口比は 7.6％にのぼる。その多くが社会生活や学校生活で様々な困難を抱えている。日本政府は性的マイノリティの人権保障に関する国連の活動に尽力してきたが、国内政策の取り組みは遅れている。国連人権諸機関が日本政府に対して示す勧告を尊重し、性的指向の自由、性自認の尊重、身体に関する自己決定権の尊重などを含む包括的な根拠法の制定及び関連法の改正が求められる。また、適正な法政策を立案・実施・評価するためにも継続的な公的調査が必要である。

第3部　提　言

3 婚姻の性中立化（性別を問わないこと）に向けた民法改正の必要性

　今日の社会では、法制度上、婚姻と生殖・養育との不可分の結合関係は失われ、婚姻法は主として婚姻当事者の個人的、人格的利益の保護を目的とするものになっている。個人の利益を否定するに足りる強力な国家的ないし社会的利益が存しない限り、個人の婚姻の自由を制約することは許されない。日本社会でも顕著な家族の多様化と欧米諸国の動向に照らして考えるならば婚姻の性中立化は必須であり、そのための民法改正が求められる。

4 教育機関における性的マイノリティの権利保障に向けた課題

　教育上の課題は、性的マイノリティ当事者の自尊感情を育むこと、性的マイノリティに関する知識を教育課程に適切に盛り込むこと、差別意識の解消やいじめの排除に努め、当事者が安全に安心して学べる環境を整えることにある。あらゆる教育機関を対象とする ガイドラインを策定して、修学・在籍・入学のすべてにわたる「学ぶ権利」を保障するとともに、啓発研修を促進する必要がある。

5 雇用・労働における性的マイノリティの権利保障に向けた課題

　職場における性的マイノリティの比率は8％とされる。その多くが可視化されないまま、差別や困難にさらされている。性的マイノリティが働きやすい職場環境を整備するためには、法律を整備し、ガイドラインを策定する必要がある。

6 提言

　性的マイノリティの権利保障には、国民全体の理解が欠かせない。学校・職場・地域が一体となって性的マイノリティに対する偏見と差別を取り除き、性的マイノリティに対する理解を深めて「共生社会」を築くことが、国民が果たすべき課題である。そのような展望のもとに、以下のとおり提言する。

　第一に、立法府・政府に対し、差別解消のための根拠法の制定と包括的

153

〈提 言〉 日本学術会議提言（要旨）

な法政策の策定に向けて、以下の通り提言する。①性的指向・性自認（性同一性）・身体的性に関わる特徴等に基づく差別を禁止し、性的マイノリティの権利保障をはかるための根拠法を制定すること。②同法には、性自認の尊重、身体に関する自己決定権の尊重、婚姻を含む共同生活の保障、教育上の権利保障、雇用・労働に関する均等待遇に関する規定を盛り込むこと。③同法に基づいて国・自治体は基本計画を策定し、継続的な公的調査・白書作成を踏まえて包括的な権利保障政策を立案・実施・評価すること。

　第二に、関連法等の改正につき、以下のとおり提言する。①同性パートナーとの共同生活を保障するために民法を一部改正して婚姻の性中立化をはかること。②「性同一性障害者の性別の取扱いの特例に関する法律」の名称変更と要件緩和を行うこと。③個人情報保護法の不利益取扱い禁止規定に性的マイノリティの権利を導入し、「要配慮個人情報」に「性的指向と性自認」の文言を追加すること。④ハラスメント言動の防止について、男女雇用機会均等法のセクシュアル・ハラスメント指針を人事院規則と同内容とすること。

　第三に、教育における権利保障の課題を達成するため、文部科学省及びすべての教育機関等に対して、以下の通り提言する。①文科省は、教育機関の段階や種別を問わず、「修学支援」「入学保障」「在籍保障」の三面にわたって性的マイノリティの「学ぶ権利」を包括的に保障するためのガイドラインを策定すること。②文科省及び各教育機関・教科書出版社は「性の多様性」に関する教育を充実させるために、教科書の改訂に取り組み、関連教科に関する学習指導要領の見直しに向けて検討すること。③すべての教育機関は、性的マイノリティに対するハラスメントの防止に取り組むとともに、差別解消のための研修を積極的に行うこと。④すべての教育機関は、性別記載欄・通称名使用・トイレ等の施設利用について現状を点検し、速やかに必要な改善を行うこと。

　第四に、雇用・労働に関する権利保障の課題を達成するため、厚生労働省及び各事業体に対して以下の通り提言する。①厚労省は、雇用・労働における性的マイノリティの権利保障を目的としたガイドラインを策定すること。②各事業体は、性的マイノリティに対する理解増進・差別禁止のた

めの取り組みを速やかに実践し、福利厚生についても配慮すること。また、性自認に即した服装やふるまいの尊重、トイレ等の施設利用の便宜、ハラスメント防止対策の徹底に努めること。③国及び自治体は、教育機関や企業等と連携しつつ、雇用・労働における性的マイノリティの権利保障を目指す先進的な取り組みを積極的に支援し、性的マイノリティが尊厳をもって安全に働けるよう十分な対策を講じること。

（日本学術会議ウェブサイトから）

SOGI（性的指向・性自認）の多様性に関する学長共同宣言

（於：シンポジウム「SOGIは今？──歴史と国際から見る今後」）

1. 私たちは、大学にかかわるすべての人々がSOGI（性的指向・性自認）の
   あり方に関わる困難の中に取り残されることなく、潜在的な可能性を
   存分に発揮できるよう、個人の尊厳の尊重と多様性を認めあえる大学
   づくりを進めます。

2. 私たちは、SOGIの多様性を尊重するにあたって、各大学が蓄えてきた
   経験と知、そして不断に変化する社会的状況への認識を共有し、とも
   に新しい時代を切り拓くべく、大学間の積極的な連携をはかります。

3. 私たちは、SOGIを含む人々の多様性が尊重される社会の実現をめざし、
   教育・研究を通じて差別や偏見を社会からなくすための法・制度の実
   現を望む人々との連携を促進します。

2018年4月30日

明治大学　学長　　　　土屋恵一郎

国際基督教大学　学長　日比谷潤子

津田塾大学　学長　　　髙橋裕子

あとがき

　私たち性的指向及および性自認により困難を抱えている当事者等に対する法整備のための全国連合会（LGBT法連合会）がシンポジウム「SOGIは今」を開催してから、まもなく1年になります。この1年間でもまた、「LGBT」の課題がいっそう明らかとなる多くの事象がありました。2018年7月、杉田水脈議員による差別的言説とそれに対する大規模な抗議活動。2019年2月には全国の同性カップル13組が、同性婚ができないことによる生き難さを日本で初めて、国を相手に提訴しました。4月には、東京都オリンピック憲章でうたわれる人権尊重の理念の実現を目指す条例が全面施行されるなど、「LGBT」をめぐる動向は絶え間なく続いています。このことは一部の勇気ある人たちの歩みという以上に、私たちみんなの暮らしが毎日営まれていて、日々刻々と課題にぶつかりながら生きていることの、まさに証であると思えます。

　この国で「LGBT」として生きていくことは、けっして楽なことではありません。この社会で多くの困難を抱え、亡くなった当事者や家族もいます。しかしそれでもなお、多くの当事者等が自分らしい人生を精一杯愛おしんでいる（た）ことを、私たちは知っています。

　そうした多くの仲間とともに、いま、「LGBT」の現状と向き合い、課題は解決できると信じ、性的指向や性自認にかかわらず人権が守られる社会をつくることが、私達の責務であり権利であると考えています。LGBT法連合会は、そのために日本で必要な法整備を求めています。この本は、私たちの活動のしるべとなるでしょう。そして、あなたがSOGIと人権について考えたり行動したりする際に、役立つ本となることを願っています。

　この本読んでくださって、ありがとうございました。お一人お一人のお名前を出すことはできないけれど、関わってくださった「すべての方々」に、心から感謝いたします。

2019 年 4 月

LGBT 法連合会 共同代表　　藤井 ひろみ

性的指向および性自認等により困難を抱えている当事者等に
対する法整備のための全国連合会（通称：LGBT 法連合会）

設　立　　2015 年 4 月 5 日

目　的　　性的指向および性自認等により困難を抱えている当事者
　　　　　　等に対する法整備

活動内容　　①政策提言 ②法案の策定 ③学習会の実施 ④情報発信

代表団体

● NPO 法人共生社会をつくるセクシュアル・マイノリティ支援全
　国ネットワーク（共生ネット）
● ダイバーシティラウンジ富山
● 同性パートナーシップの法的保障を求める全国ネットワーク（同
　性パートナーシップ・ネット）
● ダイバーシティ町家
● LOUD
　　　　第 2 期、2019 年 4 月現在

日本と世界の LGBT の現状と課題
—— SOGI と人権を考える

2019 年 6 月 1 日　第 1 刷発行
2020 年 4 月 10 日　第 2 刷発行

編　者　© LGBT 法連合会
発行者　竹村 正治
発行所　株式会社　かもがわ出版
　　　　〒 602-8119　京都市上京区堀川出水西入
　　　　TEL 075-432-2868　　FAX 075-432-2869
　　　　振替 01010-5-12436
　　　　URL http://www.kamogawa.co.jp
印刷所　シナノ書籍印刷株式会社

ISBN978-4-7803-1016-0　C0032